国家职业资格培训教材
操作技能鉴定培训系列

汽车修理工（高级）
操作技能鉴定实战详解

国家职业资格培训教材编审委员会　组编

海　洋　祖国海　编

机械工业出版社

本书是针对国家职业技能鉴定操作技能考试的需要，参照《国家职业标准 汽车修理工》（高级）的要求，按照技能考核鉴定点编写的。本书包括汽车大修、汽车故障诊断与排除两大部分内容，共收录技能鉴定试题 64 套，每套试题均给出了考核要求、考核时间、设备及设施准备、配分与评分标准以及基本操作步骤等内容。其中，基本操作步骤部分通过实景图片指导操作，让读者一目了然，并在操作过程中设置提示和说明，提醒读者注意操作要点、难点。

本书既可用于各级职业技能鉴定培训机构、企业培训部门、职业技术院校、技工学校考前培训时的强化训练，又可用于参加职业技能鉴定者进行考前操作技能实战训练。

图书在版编目（CIP）数据

汽车修理工（高级）操作技能鉴定实战详解/海洋，祖国海编. —北京：机械工业出版社，2013.3（2025.1 重印）

国家职业资格培训教材. 操作技能鉴定培训系列

ISBN 978-7-111-41618-0

Ⅰ. ①汽… Ⅱ. ①海…②祖… Ⅲ. ①汽车-车辆修理-职业技能-鉴定-教材 Ⅳ. ①U472.4

中国版本图书馆 CIP 数据核字（2013）第 035344 号

机械工业出版社（北京市百万庄大街 22 号 邮政编码 100037）
策划编辑：陈玉芝 责任编辑：陈玉芝 王华庆 版式设计：霍永明
责任校对：丁丽丽 封面设计：饶 薇 责任印制：单爱军
北京虎彩文化传播有限公司印刷
2025 年 1 月第 1 版第 4 次印刷
184mm×260mm・12.5 印张・304 千字
标准书号：ISBN 978-7-111-41618-0
定价：39.80 元

电话服务 网络服务
客服电话：010-88361066 机 工 官 网：www.cmpbook.com
　　　　　010-88379833 机 工 官 博：weibo.com/cmp1952
　　　　　010-68326294 金 书 网：www.golden-book.com
封底无防伪标均为盗版 机工教育服务网：www.cmpedu.com

国家职业资格培训教材
编审委员会

主　　任　于　珍
副 主 任　郝广发　李　奇　洪子英
委　　员　(按姓氏笔画排序)
　　　　　王　蕾　王兆晶　王英杰　王昌庚　田力飞　刘云龙
　　　　　刘书芳　刘亚琴(常务)　朱　华　沈卫平　汤化胜
　　　　　李春明　李俊玲(常务)　李家柱　李晓明　李超群
　　　　　李培根　李援瑛　吴茂林　何月秋　张安宁　张吉国
　　　　　张凯良　张敬柱(常务)　陈玉芝　陈业彪　陈建民
　　　　　周新模　郑　骏　杨仁江　杨君伟　杨柳青　卓　炜
　　　　　周立雪　周庆轩　施　斌　荆宏智(常务)　柳吉荣
　　　　　贾恒旦　徐　彤　黄志良　潘　茵　戴　勇
顾　　问　吴关昌
策　　划　荆宏智　李俊玲　张敬柱
本书编者　海　洋　祖国海

序

为落实国家人才发展战略目标,加快培养一大批高素质的技能型人才,我们精心策划了与原劳动和社会保障部《国家职业标准》配套的《国家职业资格培训教材》。这套教材涵盖41个职业,共172种。教材出版后,受到全国各级培训、鉴定部门和技术工人的欢迎,基本满足了培训、鉴定、考工和读者自学的需要,为培养技能人才发挥了重要作用,本套教材也因此成为国家职业资格培训的品牌教材。JJJ——"机工技能教育"品牌已深入人心。

按照国家"十一五"高技能人才培养体系建设的主要目标,到"十一五"期末,全国技能劳动者总量将达到1.1亿人,高级工、技师、高级技师总量均有大幅增加。因此,从2005年至2009年的五年间,参加职业技能鉴定的人数和获取职业资格证书的人数年均增长达10%以上,2009年全国参加职业技能鉴定和获取职业资格证书的人数均已超过1200万人。这种趋势在"十二五"期间还将会得以延续。

为满足职业技能鉴定培训的需要,我们经过充分调研,决定在已经出版的理论、技能、题库合一的《国家职业资格培训教材》的基础上,贯彻"围绕考点,服务鉴定"的原则,紧扣职业技能鉴定考核要求,根据企业培训部门、技能鉴定部门和读者的不同需求进行细化,分别编写理论鉴定培训教材系列、操作技能鉴定实战详解系列和职业技能鉴定考核试题库系列。

《国家职业资格培训教材——鉴定培训教材系列》:针对国家职业技能鉴定理论知识考试的需要,参照《国家职业技能标准》的要求编写,主要用于考证前的理论培训。它主要有以下特色:

● 汲取国家职业资格培训教材精华——保留国家职业资格培训教材的精华内容,考虑企业和读者的需要,重新整合、更新、补充和完善培训教材的内容。

● 依据最新国家职业标准要求编写——以《国家职业技能标准》要求为依据,以"实用、够用"为宗旨,以便于培训为前提,提炼重点培训和复习的内容。

● 紧扣国家职业技能鉴定考核要求——按复习指导形式编写,教材中的知识点紧扣职业技能鉴定考核的要求,针对性强,适合技能鉴定考试前培训使用。

《国家职业资格培训教材——操作技能鉴定实战详解系列》:针对国家职业技能鉴定操作技能考试的需要编写。本套教材按实战进行设计,解析详细,定位于操作技能考试前的突击冲刺、强化训练。它主要有以下特色:

● 依据明确,具有针对性——依据技能考核鉴定点设计,目的明确。
● 内容全面,具有典型性——图样、评分表、准备清单,完整齐全。
● 解析详细,具有实用性——图解形式,操作步骤和重点解析详细。
● 练考结合,具有实战性——单项训练题、综合训练题,步步提升。

《国家职业资格培训教材——职业技能鉴定考核试题库系列》:针对技能培训、鉴定和考工部门和参加技能鉴定人员复习、考核和自检自测的需要编写。它主要有以下特色:

● 考核重点、理论题、技能题、答案、模拟试卷齐全。

序

- 初级、中级、高级、技师、高级技师各等级全包括。
- 试题典型性、代表性、针对性、通用性、实用性强。
- 内含职业技能鉴定试题、全国及部分省市大赛试题。

这些教材是《国家职业资格培训教材》的扩充和完善，目的是满足不同的需求，将"机工技能教育"品牌发扬光大。在编写时，我们重点考虑了以下几个方面：

在工种选择上，选择了机电行业的车工、铣工、钳工、机修钳工、汽车修理工、制冷设备维修工、铸造工、焊工、冷作钣金工、热处理工、涂装工、维修电工等近二十个主要工种。

在编写依据上，依据最新国家职业标准要求，紧扣职业技能鉴定考核要求编写。对没有国家职业标准，但社会需求量大且已单独培训和考核的职业，则以相关国家职业标准或地方鉴定标准和要求为依据编写。

在内容安排上，提炼应重点培训和复习的内容，突出"实用、够用"，重在教会读者掌握必需的专业知识和技能，掌握各种类型题的应试技巧和方法。

在作者选择上，共有十几个省、自治区、直辖市相关行业200多名工程技术人员、教师、技师和高级技师等从事技能培训和考工的专家参加编写。他们既了解技能鉴定的要求，又具有丰富的教材编写经验。

全套教材既可作为各级职业技能鉴定培训机构、企业培训部门的考前培训教材，又可作为读者考前复习和自测使用的复习用书，也可供职业技能鉴定部门在鉴定命题时参考，还可作为职业技术院校、技工院校、各种短训班的专业课教材。

在这套教材的调研、策划、编写过程中，曾经得到许多企业、鉴定培训机构有关领导、专家、工程技术人员、技师和高级技师的大力支持和帮助，在此表示衷心的感谢！

虽然我们在编写这套培训教材中尽了很大努力，但教材中难免存在不足之处，诚恳地希望专家和广大读者批评指正。

国家职业资格培训教材编审委员会

前　言

随着社会的进步、科技的发展，汽车已经进入千家万户。据不完全统计，我国汽车保有量已经超过 1 亿辆大关。但随之而来的是人们对汽车售后服务需求的增长，使得汽车修理工的缺口越来越大。

为了加强汽车修理人员的规范性，原劳动和社会保障部在原《国家职业标准　汽车修理工》的基础上，于 2005 年对相关内容进行了更新，并增加了部分内容。各省市根据修订后的标准对汽车修理工进行了相应的技术等级鉴定。广大汽车修理工迫切需要相关图书用于鉴定前的培训。虽然现在市场上有关汽车修理技术的书籍很多，但是针对相关标准和技术等级鉴定的书籍还很匮乏，为此我们组织编写了本书。

本书在编写时紧紧围绕最新《国家职业标准　汽车修理工》（高级）的要求，紧密结合实际技能鉴定的考核点，采用大量的实景图片来表现操作过程，使知识点更加直观、明了，并对操作过程中容易犯的错误和丢分点给予提醒说明，让读者少走弯路。书末给出了操作技能考核样卷，供读者参考。

本书由海洋、祖国海编写。

由于编者水平有限，再加上时间仓促，书中疏漏之处在所难免，恳请广大读者批评指正。

编　者

目 录

序
前言

第一部分 汽车大修

第一章 发动机大修 ………………… 1
试题1 气缸压缩压力的检测 …… 1
试题2 气缸盖的检测 …………… 3
试题3 配气机构的拆卸 ………… 5
试题4 曲轴的检修 ……………… 9
试题5 连杆的检验 ……………… 11
试题6 齿轮式机油泵的检修 …… 14
试题7 排除离心水泵故障 ……… 17
试题8 燃油压力的检测 ………… 20
试题9 发动机点火提前角的检测与
调整 …………………………… 22
试题10 排放系统的检测 ………… 24
试题11 喷油器的调校 …………… 28
试题12 喷油器的拆检 …………… 30
试题13 活塞连杆组件的装配 …… 32
试题14 曲轴轴承间隙的检查 …… 34
试题15 发动机外围部件的拆卸 … 37
试题16 发动机总成的装配与
调整 …………………………… 45
试题17 发动机竣工验收 ………… 57

第二章 底盘大修 ………………… 60
试题1 四轮定位的检查与调整 …… 60

试题2 手动变速器（二轴）的
拆装 …………………………… 66
试题3 自动变速器的拆装 ……… 70
试题4 自动变速驱动桥的拆装与
检查 …………………………… 78
试题5 制动系统的检修 ………… 91
试题6 膜片弹簧式离合器的检测 … 95
试题7 主减速器的拆卸、检查和
调整 …………………………… 98
试题8 手动变速器的检查 ……… 102
试题9 动力转向系统的检查与
调整 …………………………… 106

第三章 电气设备大修 …………… 111
试题1 蓄电池的检测 …………… 111
试题2 硅整流交流发电机的
检修 …………………………… 114
试题3 内、外搭铁型晶体管电子
调节器的检测 ………………… 119
试题4 起动机的检修 …………… 121
试题5 空调压缩机的拆装 ……… 128
试题6 空调系统的检修 ………… 130

第二部分 汽车故障诊断与排除

第一章 发动机故障的诊断与排除 …… 136
试题1 电喷发动机不能起动故障的
诊断与排除 …………………… 136
试题2 电喷发动机怠速不良故障的
诊断与排除 …………………… 139
试题3 电喷发动机加速不良故障的
诊断与排除 …………………… 140

试题4 电喷发动机高速运转不良
故障的诊断与排除 …………… 142
试题5 电喷发动机油耗过多故障的
诊断与排除 …………………… 143
试题6 电喷发动机无怠速故障的
诊断与排除 …………………… 144
试题7 冷却液充足但发动机过热

　　　　　　故障的诊断与排除 ………… 145
　试题8　发动机突然过热故障的
　　　　　诊断与排除 ………… 147
　试题9　机油消耗异常故障的诊断与
　　　　　排除 …………………… 148
　试题10　机油压力过低故障的诊断与
　　　　　　排除 ………………… 149
　试题11　机油压力过高故障的诊断与
　　　　　　排除 ………………… 151
第二章　底盘故障的诊断与排除 ……… 153
　试题1　离合器打滑故障的诊断与
　　　　　排除 …………………… 153
　试题2　离合器发响故障的诊断与
　　　　　排除 …………………… 154
　试题3　手动变速器掉挡故障的
　　　　　诊断与排除 …………… 156
　试题4　手动变速器乱挡故障的
　　　　　诊断与排除 …………… 157
　试题5　手动变速器异响故障的
　　　　　诊断与排除 …………… 158
　试题6　万向传动装置发抖故障的
　　　　　诊断与排除 …………… 159
　试题7　转向沉重故障的诊断与
　　　　　排除 …………………… 161
　试题8　高速摆头故障的诊断与
　　　　　排除 …………………… 162
　试题9　动力转向系统转向沉重故障
　　　　　的诊断与排除 ………… 163
　试题10　车身倾斜、方向跑偏故障
　　　　　　的诊断与排除 ……… 165
　试题11　前轮摆动故障的诊断与

　　　　　　排除 ………………… 166
　试题12　气压制动失效故障的诊断
　　　　　　与排除 ……………… 167
　试题13　气压制动跑偏故障的诊断
　　　　　　与排除 ……………… 168
　试题14　气压制动拖滞故障的诊断
　　　　　　与排除 ……………… 170
　试题15　液压制动失效故障的诊断
　　　　　　与排除 ……………… 171
　试题16　液压制动不良故障的诊断
　　　　　　与排除 ……………… 172
　试题17　液压制动拖滞故障的诊断
　　　　　　与排除 ……………… 174
　试题18　制动防抱死失效故障的
　　　　　　诊断与排除 ………… 175
第三章　电气故障的诊断与排除 ……… 178
　试题1　电子点火系统高压无火故障
　　　　　的诊断与排除 ………… 178
　试题2　灯光系统故障的诊断与
　　　　　排除 …………………… 179
　试题3　空调不供暖或暖气不足故障
　　　　　的诊断与排除 ………… 181
考核试卷 ………………………………… 182
　高级汽车修理工操作技能考核准备
　　通知单 …………………………… 182
　高级汽车修理工操作技能考核
　　试卷 ……………………………… 183
　高级汽车修理工操作技能考核
　　评分记录表 ……………………… 184
参考文献 ………………………………… 186

第一部分 汽车大修

第一章 发动机大修

试题1 气缸压缩压力的检测

一、考核要求
1) 按正确的操作规程用气缸压力表测量气缸压缩压力。
2) 查阅维修手册，判断气缸压缩压力是否符合技术标准。

二、考核时间
20min。

三、设备及设施准备

序号	名 称	单位	数量	备 注
1	汽车(或发动机台架)	辆(台)	1	汽油车、柴油车均可
2	气缸压力表	块	1	针对具体的发动机类型，可选择汽油机气缸压力表或柴油机气缸压力表
3	火花塞扳手	把	1	—
4	常用工具、量具	套	1	—
5	维修手册	本	1	与考试车型配套,方便考生查阅
6	棉纱	团	1	
7	秒表	块	1	计时用

四、配分与评分标准

序号	作业项目	考核内容及要求	配分	评分标准	考核记录	扣分	得分
1	正确选用工具、量具	选用的工具、量具齐全并准确	5	缺一件扣1分,选错一件扣1分,扣完为止			
2	准备	检测前的准备	5	准备不充分,每次扣2.5分,扣完为止			
				准备失误扣5分			
3	检测	拆除全部火花塞或喷油器及空气滤清器	10	操作方法不正确扣5分			
				操作不熟练扣5分			
		检验气缸压力表	10	检验方法不正确扣10分			
		逐缸测量气缸压力	20	测量方法不正确扣10分,不会测量不得分			
				每漏测一个气缸扣5分,扣完为止			
				测量结果不正确扣10分			

(续)

序号	作业项目	考核内容及要求	配分	评分标准	考核记录	扣分	得分
4	复检	测完一次后,再复检一次,取其平均值	10	测量方法不正确扣5分 每漏测一个气缸扣2.5分,扣完为止 测量结果不正确扣10分			
5	判断结果	查阅手册,判断气缸压缩压力是否符合技术标准	10	判断不正确扣5分 不会判断扣10分			
6	正确使用工具、量具	工具、量具使用正确	10	一种工具、量具使用不正确扣2分,扣完为止 损坏或丢失一件工具、量具不得分			
7	操作规程	操作规程执行情况	15	违反操作规程不得分			
8	清理现场	清理、擦洗并回收工具和量具	5	少回收一件工具或量具扣1分,扣完为止			
9		分数总计	100				

否定项说明:出现重大安全事故按0分计

五、基本操作步骤

操作步骤描述:检测前的准备→检测→判断。

1. 检测

1 使发动机正常运转,并使冷却液温度达到75℃以上

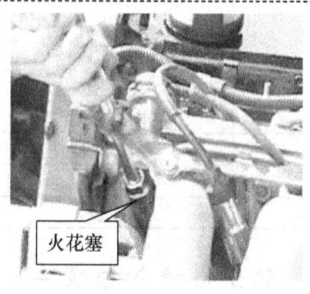

2 停机后,拆下空气滤清器,用压缩空气吹净火花塞或喷油器周围的灰尘和脏物,然后卸下全部火花塞或喷油器,并按气缸次序放置,将节气门和阻风门置于全开位置

说明:对于汽油发动机,还应把分电器中央电极高压线拔下并可靠搭铁,以防止电击或着火

3 用起动机转动曲轴3~5s(不少于四个压缩行程),发动机转速保持在150~180r/min(柴油机转速保持在500r/min),待压力表头指针指示并保持最大压力后停止转动。取下气缸压力表,记下读数,按下单向阀使压力表指针回零。按上述方法依次测量各缸,每缸测量次数不少于两次。就车检测柴油机气缸压力时,应使用螺纹接头的气缸压力表

2. 诊断参数标准

气缸压缩压力标准值由气缸制造厂提供。根据《汽车修理质量检查评定方法》（GB/T 15746—2011）的规定：大修竣工的发动机，在正常工作温度下，气缸压缩压力应符合原设计规定；其压力差，汽油机不应超过各缸平均压力的5%，柴油机不应超过各缸平均压力的8%。

▼常见的几种车型气缸压缩压力值

发动机型号	压缩比	气缸压缩压力值/kPa	各缸压力差
奥迪100 1.8L	8.5	新车800~1000；极限650	≤5%
捷达EA827	8.5	900~1100	≤5%
桑塔纳AJR 1.8L	9.3	1000~1350	≤5%

3. 结果分析

测量结果如高于原设计规定，并不一定是气缸密封性好，要结合使用和维修情况进行分析。这种情况有可能是燃烧室内积炭过多、气缸衬垫过薄或气缸体与气缸盖结合平面修理加工次数过多造成的。测量结果如低于原设计规定，可向该缸火花塞或喷油器孔内注入适量机油（20mL），然后用气缸压力表重新测量气缸压力并记录。如果第二次测出的压力值比第一次高且接近标准压力，表明气缸、活塞环、活塞磨损过大，或活塞环对口、卡死、断裂及缸壁拉伤等造成气缸不密封。如果第二次测出的压力值与第一次略同，但仍比标准压力低，表明进、排气门或气缸衬垫不密封。如果两次检测结果均表明某相邻两缸压力都相当低，表明是两缸相邻处的气缸衬垫烧损窜气。

> 说明：若用气缸压力表测量气缸压缩压力，则必须把火花塞拆下，一缸一缸地进行，这样测量费时费力，且测量误差较大。这种方法的测量结果不但与气缸内各处的密封程度有关，而且与曲轴的转速有关。研究表明，只有在曲轴转速超过1500r/min以后，压缩压力才变化不大。但在低转速范围内，即使较小的转速差也能引起压缩压力测量值的较大变化，所以在检测气缸压缩压力时，准确地监控曲轴的转速，将是减少测量误差，获得正确测量结果的重要保证。

试题2 气缸盖的检测

一、考核要求

1）检查气缸盖各平面的平面度。
2）口述各平面和燃烧室修理的方法和技术标准。

二、考核时间

30min。

三、设备及设施准备

序号	名称	单位	数量	备注
1	发动机气缸盖	个	1	任一型号均可
2	钢直尺或刀口形直尺	把	1	—
3	塞尺	把	1	—
4	平台	个	1	

（续）

序号	名 称	单位	数量	备 注
5	维修手册	本	1	与考试气缸型号配套
6	棉纱	团	1	—
7	秒表	块	1	计时用

四、配分与评分标准

序号	作业项目	考核内容及要求	配分	评分标准	考核记录	扣分	得分
1	正确选用工具、量具	选用工具、量具齐全并准确	5	缺一件扣1分，选错一件扣1分，扣完为止			
2	准备	检测前的准备	5	准备不充分，每次扣2.5分，扣完为止			
				准备失误扣5分			
3	检验气缸盖的变形情况	检验气缸盖下平面的平面度	20	检验方法不正确扣10分			
				检验结果不正确扣10分			
		检验气缸盖侧平面的平面度	20	检验方法不正确扣10分			
				检验结果不正确扣10分			
4	修理气缸盖结合面（口述）	下平面及侧平面的修理	20	修理方法不正确扣10分			
				技术要求叙述不正确扣10分			
5	正确使用工具、量具	工具、量具使用正确	10	一种工具、量具使用不正确扣2分，扣完为止			
				损坏或丢失一件工具、量具不得分			
6	操作规程	操作规程执行情况	15	违反操作规程不得分			
7	清理现场	清理、擦洗并回收工具和量具	5	少回收一件工具或量具扣1分，扣完为止			
8		分数总计	100				

否定项说明：出现重大安全事故按0分计

五、基本操作步骤

操作步骤描述：检验气缸盖下平面的平面度→检验气缸盖侧平面的平面度。

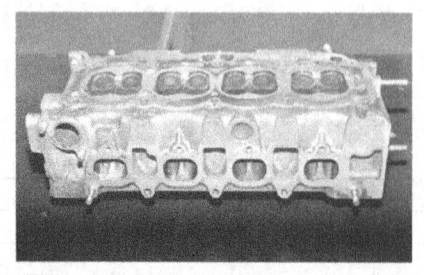

1 将待测气缸盖倒放在检测平台上

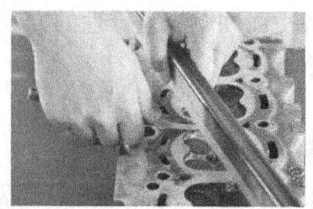

2 将钢直尺或刀口形直尺沿一条对角线贴靠在气缸盖下平面上，从钢直尺或刀口形直尺与气缸盖下平面间的缝隙处插入塞尺，所测数值即为气缸盖的下平面度误差

3 同样,将钢直尺或刀口形直尺沿另一条对角线贴靠在气缸盖下平面上,从钢直尺或刀口形直尺与气缸盖下平面间的缝隙处插入塞尺进行测量

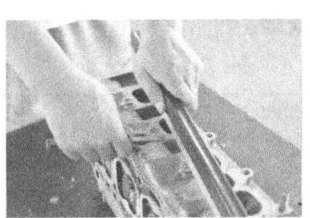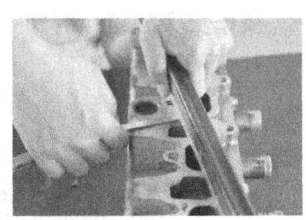

4 将待测气缸盖侧放在检测平台上,用同样的方法检测侧平面的平面度

试题3 配气机构的拆卸

一、考核要求

能够拆卸配气机构。

二、考核时间

60min。

三、设备及设施准备

序号	名称	单位	数量	备注
1	发动机	台	1	—
2	常用工具、量具	套	1	—
3	气门弹簧拆装钳	把	1	—
4	指示式扭力扳手	把	1	—
5	火花塞扳手	把	1	—
6	秒表	块	1	用于计时

四、配分及评分标准

序号	作业项目	考核内容	配分	评分标准	考核记录	扣分	得分
1	正确选用工具、量具	选用的工具、量具齐全并准确	5	缺一件扣1分,选错一件扣1分,扣完为止			
2	拆卸	拆卸正时带	25	拆卸错误酌情扣分			
		拆卸气缸盖	20	拆卸错误酌情扣分			
		分解气缸盖	25	分解错误酌情扣分			
3	正确使用工具、量具	工具、量具使用正确	10	一种工具、量具使用不正确扣2分,扣完为止 损坏或丢失一件工具、量具不得分			
4	操作规程	操作规程执行情况	10	违反操作规程不得分			
5	清理现场	清理、擦洗并回收工具和量具	5	少回收一件工具或量具扣1分,扣完为止			
6	分数总计		100				

否定项说明:出现重大事故不得分

五、基本操作步骤

操作步骤描述：拆卸→安装。

1. 拆卸正时带

1　分别取下两侧的护罩搭扣，先稍微用力提拉一下，然后取下护罩

2　依次拧下固定护罩的三个螺栓，拆下正时带中护罩

注意：检查护罩上的上止点记号是否完好

3　用专用工具固定飞轮，然后依次拧下带轮四个固定螺栓，取下带轮（若带轮连接较紧，则可用橡皮锤轻轻敲击）

4　拆下正时带下护罩

5　松开正时带张紧轮

6　取下正时带

说明：如果重复使用正时带，则在正时带上画一个方向箭头（沿发动机旋转的方向）；正时带上不可沾水和油；正时带不可折，不可压重物

7 拆下正时带张紧轮

2. 拆卸气缸盖

1 拆下正时带后护罩

2 拆下凸轮轴正时齿轮后护罩

3 拆下气门室罩盖压条螺母

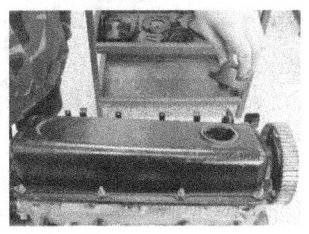

4 取下机油加注口盖

5 取下气门室罩盖压条

6 取下气门室罩盖

7 取出机油反射罩

8 取出气门室罩盖密封垫

9 拆卸气缸盖螺栓

提示：按照图中编号1~10的顺序依次分两三次拧下气缸盖螺栓

注意：如果拆除螺栓的顺序不正确，则有可能损坏气缸盖

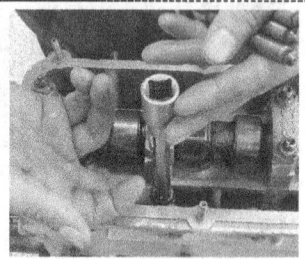

10 取出气缸盖螺栓

12 取下气缸垫

11 拆下气缸盖

3. 分解气缸盖

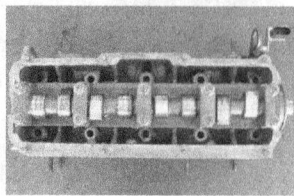

1 将气缸盖总成平放在工作台上

2 拆下凸轮轴正时齿轮

第一章　发动机大修

3　从凸轮轴上取下半圆键

4　拆卸凸轮轴轴承盖

提示：先交替对角拆下第1、3、5号凸轮轴轴承盖，然后交替对角拆下第2、4号轴承盖，并将轴承盖按顺序摆放整齐

5　取出凸轮轴和凸轮轴油封

6　取出各气缸的液压挺柱

提示：拆卸时将液压挺柱做上标记，不可互换

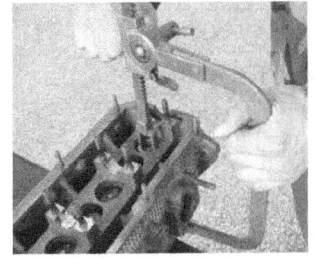

7　用气门弹簧拆装钳将气门弹簧座压下，取出气门锁片和气门弹簧

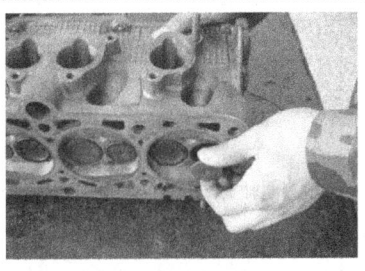

8　取出各气缸的进、排气门

提示：拆卸时将气门做上标记，不可互换

9　用气门油封钳取出气门油封

10　用专用工具取出气门导管

试题4　曲轴的检修

一、考核要求

检查曲轴主轴径与连杆轴径的变形情况。

二、考核时间

30min。

三、设备及设施准备

序号	名 称	单位	数量	备 注
1	曲轴	根	1	—
2	平台	个	1	—
3	V形架	对	1	—
4	带磁力表座的百分表	块	1	—
5	千分尺	把	1	—
6	棉纱	团	1	—
7	秒表	块	1	用于计时

四、配分与评分标准

序号	作业项目	考核内容及要求	配分	评分标准	考核记录	扣分	得分
1	正确选用工具、量具	选用的工具、量具齐全并准确	5	缺一件扣1分,选错一件扣1分,扣完为止			
2	准备	检修前的准备	5	准备不充分,每次扣2.5分,扣完为止			
				准备失误扣5分			
3	检测曲轴	裂纹的检测	10	检测方法不正确扣5分			
				检测结果不正确扣5分			
		弯曲情况的检测	20	检测方法不正确扣10分			
				检测结果不正确扣10分			
		扭曲情况的检测	10	检测方法不正确扣5分			
				检测结果不正确扣5分			
		磨损情况的检测	20	检测方法不正确扣10分			
				检测结果不正确扣10分			
4	正确使用工具、量具	工具、量具使用正确	10	一种工具、量具使用不正确扣2分,扣完为止			
				损坏或丢失一件工具、量具不得分			
5	操作规程	操作规程执行情况	15	违反操作规程不得分			
6	清理现场	清理、擦洗并回收工具和量具	5	少回收一件工具或量具扣1分,扣完为止			
7		分数总计	100				

否定项说明:出现重大安全事故按0分计

五、基本操作步骤

操作步骤描述:检验曲轴主轴径→检验曲轴连杆轴径。

第一章 发动机大修

1 曲轴裂纹的检测:取出曲轴并清洗干净之后,首先检查主轴颈各连杆轴颈表面有无毛糙、疤痕和凹槽,然后目视检查有无裂纹。曲轴裂纹多发生在曲柄臂与轴颈之间的过渡圆角或油孔处。前者是横向裂纹,危害极大,若有,则应更换曲轴;后者是轴向裂纹,必要时也应更换曲轴

2 曲轴弯曲情况的检测:将曲轴放在检验平板的V形架上,将百分表触头垂直地触及中间一道主轴颈,转动曲轴,此时百分表指针所示的最大摆差(径向圆跳动误差)即为曲轴主轴颈的同轴度偏差。一般要求轿车的曲轴主轴径同轴度偏差不大于0.06mm,否则应予以校正。当此偏差低于此极限时,一般可通过磨削轴颈予以修正,当无法修磨校正时应予以报废

3 曲轴扭曲情况的检测:检测曲轴扭曲变形时,仍采用上述设备,先将曲轴置于检验平板的V形架上,再将第一缸、第六缸连杆轴颈转到水平位置上,用百分表测量两轴颈至平板的距离,求得同一方位上的两高度差 ΔA,即可求得曲轴扭转变形的扭转角 θ。

$$\theta = \frac{360\Delta A}{2\pi R} \approx 57\Delta A/R$$

其中,R 为曲柄半径

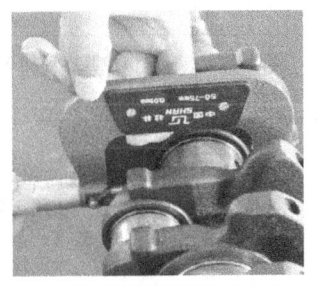

4 曲轴轴颈磨损情况的检测:曲轴轴颈的磨损量通常用外径千分尺测量。每个轴颈测量两个截面,对于每个截面,在不同的3~4处测量其直径,将每次测量的直径记录下来,最后计算出曲轴各轴的圆度误差和圆柱度误差。曲轴轴颈磨损量的计算方法与测量气缸时相同

试题5 连杆的检验

一、考核要求

1) 检查连杆的变形情况。
2) 对变形的连杆进行校正,使之符合技术标准。

二、考核时间

30min。

三、设备及设施准备

序号	名　　称	单位	数量	备　　注
1	发动机连杆	根	1	—
2	连杆检验校正仪	台	1	
3	塞尺	把	1	—
4	秒表	块	1	用于计时

四、配分与评分标准

序号	作业项目	考核内容及要求	配分	评分标准	考核记录	扣分	得分
1	正确选用工具、量具	选用的工具、量具齐全并准确	5	缺一件扣1分,选错一件扣1分,扣完为止			
2	准备	检验前的准备	5	准备不充分,每次扣2.5分,扣完为止			
				准备失误扣5分			
3	检验连杆的变形情况	连杆扭曲情况的检验	20	检验方法不正确扣10分			
				检验结果不正确扣10分			
		连杆弯曲情况的检验	20	检验方法不正确扣10分			
				检验结果不正确扣10分			
4	变形连杆的校正	校正连杆的扭曲、弯曲变形（可口述）	10	校正方法不正确扣5分			
				技术要求叙述不正确扣5分			
5	连杆裂纹的检验	探伤检验连杆的裂纹（可口述）	10	操作方法不正确扣5分			
				探伤结果不正确扣5分			
6	正确使用工具、量具	工具、量具使用正确	10	一种工具、量具使用不正确扣2分,扣完为止			
				损坏或丢失一件工具、量具不得分			
7	操作规程	操作规程执行情况	15	违反操作规程不得分			
8	清理现场	清理、擦洗并回收工具和量具	5	少回收一件工具或量具扣1分,扣完为止			
9		分数总计	100				

否定项说明:出现重大安全事故按0分计

五、基本操作步骤

操作步骤描述：连杆弯曲和扭曲变形的检验→连杆弯曲和扭曲变形的校正。

1. 连杆弯曲和扭曲变形的检验

①将连杆的大头装到连杆检验校正仪的心轴上，通过调整螺钉使定心张开，然后将连杆固定在检验仪上

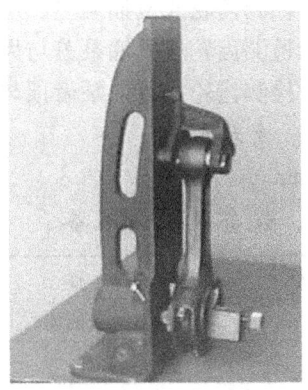

②将棱形支撑轴下移，使其下平面靠在活塞销上，拧紧棱形支撑轴的固定螺钉

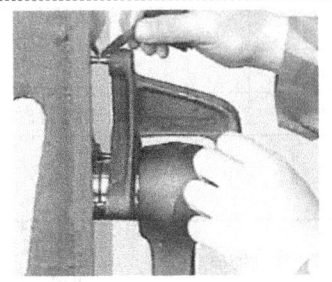

③观察或用塞尺检查销子两端与小角铁之间的间隙。两间隙之差能够反映弯曲变形的方向和程度，即连杆大小头孔轴线的平行度误差，此误差值应不大于极限值（0.05mm）

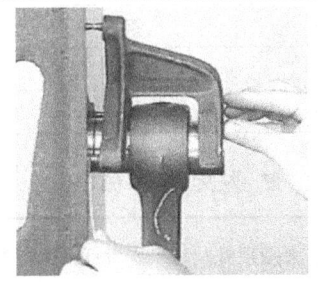

④将小角铁下移，观察和测量活塞销两端与小角铁侧平面间的间隙，就可检查出连杆扭曲变形的情况，即连杆大小头孔中心线在另一方向上的平行度误差，此误差值应不大于极限值（0.10mm）

2. 连杆弯曲变形的校正

①将弯曲的连杆置于压具上，使弯曲的部位朝上，并对正丝杆部位放好垫块

②施加压力，使连杆向已弯曲的反方向产生变形，并使连杆变形量达到已弯曲部位变形量的数倍以上

③保持施加载荷一定时间，等金属组织稳定后，去掉外载荷

④重新检查校正变形情况，确定是否需要再次校正

3. 连杆扭曲变形的校正

①将连杆大端盖装好，套在连杆检验校正仪的心轴上

②用扳钳进行校正，直到合格为止

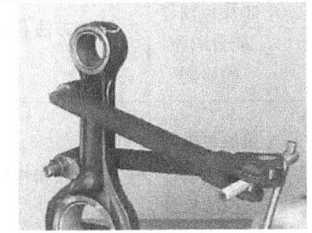

试题6　齿轮式机油泵的检修

一、考核要求
1）检测齿轮式机油泵主、从动齿轮的啮合间隙。
2）检测齿轮式机油泵盖与齿轮端面之间的间隙。
3）检测齿轮式机油泵齿顶与泵壳之间的间隙。

二、考核时间
60min。

三、设备及设施准备

序号	名　　称	单位	数量	备　　注
1	齿轮式机油泵	台	1	桑塔纳2000AFE型发动机机油泵
2	锉刀	把	1	—
3	带磁力表座的百分表	块	1	
4	塞尺	把	1	
5	钢直尺	把	1	
6	维修工具、量具	套	1	
7	秒表	块	1	用于计时

四、配分及评分标准

序号	作业项目	考核内容及要求	配分	评分标准	考核记录	扣分	得分
1	正确选用工具、量具	选用的工具、量具齐全并准确	5	缺一件扣1分,选错一件扣1分,扣完为止			
2	齿轮式机油泵的解体	解体工艺	10	解体工艺错误酌情扣分			
3	主、从动齿轮啮合间隙的检测	检测方法和检测结果	15	检测一处错误扣2.5分,共10分			
				检测结果一处错误扣2.5分,共5分			
4	主动轴轴向间隙的检测	检测方法和检测结果	10	检测方法一处错误扣2.5分,共5分			
				检测结果一处错误扣2.5分,共5分			
5	主动轴的弯曲及与轴套配合间隙的检测	检测方法和检测结果	10	检测方法一处错误扣2.5分,共5分			
				检测结果一处错误扣2.5分,共5分			
6	机油泵盖与齿轮端面间隙的检测	检测方法和检测结果	10	检测方法一处错误扣2.5分,共5分			
				检测结果一处错误扣2.5分,共5分			

(续)

序号	作业项目	考核内容及要求	配分	评分标准	考核记录	扣分	得分
7	齿顶与泵壳之间间隙的检测	检测方法和检测结果	10	检测结果一处错误扣2.5分,共5分			
				检测结果一处错误扣2.5分,共5分			
8	齿轮式机油泵的装配与调整	装配工艺、装配方法和装配过程检验	10	装配工艺错误一处扣2分			
9	正确使用工具、量具	工具、量具使用正确	10	一种工具、量具使用不正确扣2分,扣完为止			
				损坏或丢失一件工具、量具不得分			
10	操作规程	操作规程执行情况	5	违反操作规程不得分			
11	清理现场	清理、擦洗并回收工具和量具	5	少回收一件工具或量具扣1分,扣完为止			
12	分数总计		100				

否定项说明:出现重大事故不得分

五、基本操作步骤

操作步骤描述:拆卸→检测→安装。

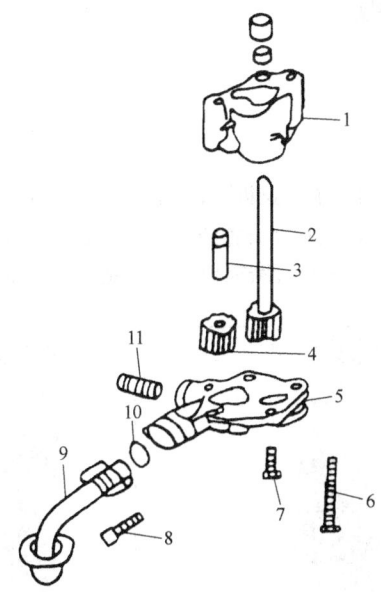

▲机油泵分解图

1—机油泵壳体 2—主动轴 3—从动轴 4—从动齿轮 5—机油泵盖
6、7、8—螺栓 9—机油集滤器 10—密封垫 11—阀弹簧

1. 机油泵的拆卸

① 旋松并取下机油泵壳与发动机机体的连接紧固螺栓,将机油泵及吸油部件一起拆下

② 拧松并取下吸油管组紧固螺栓,拆下吸油管组,检查并清洗滤网

③ 旋松并取下机油泵盖短螺栓,取下机油泵盖组,检查泵盖上限压阀(旁通阀),观察泵盖接合面的磨损情况

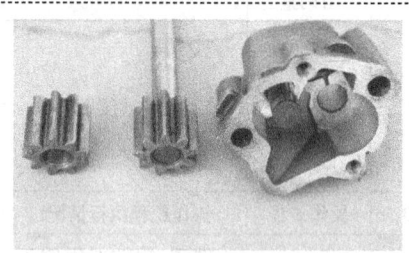

④ 先分解主、从动齿轮,再分解齿轮和齿轮轴

2. 机油泵的检修

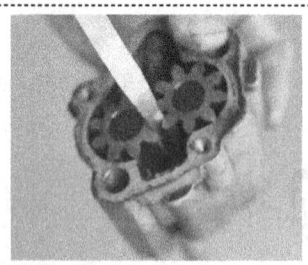

① 检查齿轮啮合间隙。检查时,将机油泵盖拆下,用塞尺在互成120°的三个位置测量机油泵主、从动齿轮的啮合间隙。新机油泵齿轮的啮合间隙为0.05mm,磨损极限值为0.20mm

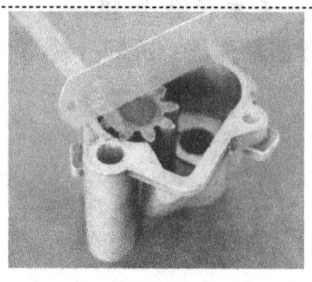

② 检查机油泵主、从动齿轮与机油泵盖接合面的间隙,正常值应为0.05mm,磨损极限值为0.15mm

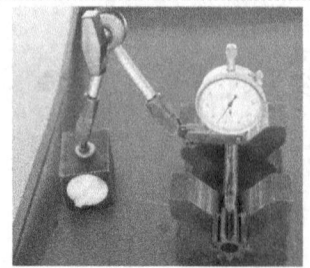

③ 检查机油泵主动轴的弯曲度:将机油泵主动轴支撑在V形架上,用百分表检查弯曲度,如果弯曲度超过0.03mm,则应校正或更换主动轴

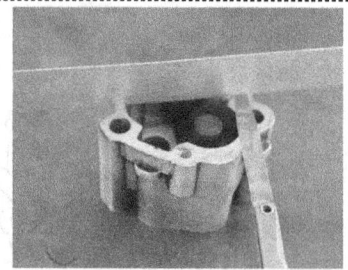

④ 用钢直尺和塞尺检查泵体及泵盖接合面的平面度。若平面度超过规定值,则应对接合面进行磨削或研磨修复

5 检查齿轮与泵体之间的间隙(即齿顶隙):用塞尺插在齿顶与壳体之间进行测量,测量结果应符合规定值

3. 机油泵的安装与试验

机油泵的安装顺序与拆卸顺序应相反,但安装时应更换垫片,并注意各螺栓的拧紧力矩。

在将机油泵装复后,用手转动机油泵齿轮,其应转动自如,且无卡阻现象。将机油灌入机油泵内,用拇指堵住油孔,转动泵轴,应有油压出,并能感到有压力。

在将机油泵装车后,通过压力表观察机油压力。在发动机温度正常的情况下,急速运转时,机油压力应不低于30kPa;当发动机中速运转时,机油压力应不大于49.0kPa。若机油压力不符合标准,则应调整限压阀,可在限压阀弹簧的一端增加或减小调整垫圈的厚度,使机油压力达到规定值。

试题7 排除离心水泵故障

一、考核要求

1) 查找离心水泵故障。
2) 排除离心水泵故障。
3) 离心水泵装复后的试验。

二、考核时间

60min。

三、设备及设施准备

序号	名称	单位	数量	备注
1	离心水泵	台	1	存在故障
2	锉刀	把	1	—
3	带磁力表座百分表	个	1	—
4	塞尺	把	1	—
5	钢直尺	把	1	—
6	维修工具、量具	套	1	—
7	秒表	块	1	用于计时

四、配分及评分标准

序号	作业项目	考核内容及要求	配分	评分标准	考核记录	扣分	得分
1	正确选用工具、量具	选用的工具、量具齐全并准确	5	缺一件扣1分,选错一件扣1分,扣完为止			

(续)

序号	作业项目	考核内容及要求	配分	评分标准	考核记录	扣分	得分
2	离心水泵外观的检查	检查方法和检查结果	10	检查方法错误5分			
				检查结果错误扣5分			
3	离心水泵的解体	解体工艺	20	解体工艺错误酌情扣2~5分			
				解体方法一处错误扣1分,共10分			
4	零件的检查	检查方法和检查结果	30	检查方法一处错误扣5分,共15分			
				检查结果一处错误扣5分,共15分			
5	离心水泵装复后的试验	试验方法和试验结果	10	试验方法错误扣5分			
				试验结果错误扣5分			
6	正确使用工具、量具	工具、量具使用正确	10	一种工具、量具使用不正确扣2分,扣完为止			
				损坏或丢失一件工具、量具不得分			
7	操作规程	操作规程执行情况	10	违反操作规程不得分			
8	清理现场	清理、擦洗并回收工具和量具	5	少回收一件工具或量具扣1分,扣完为止			
9	分数总计		100				

否定项说明:出现重大事故不得分

五、基本操作步骤

操作步骤描述:拆卸→检测→安装。

1. 拆卸离心水泵

1 从发动机上拆下离心水泵

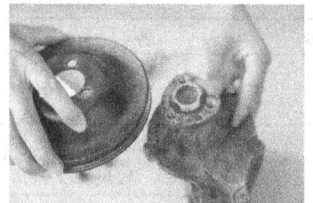

2 拆卸带轮

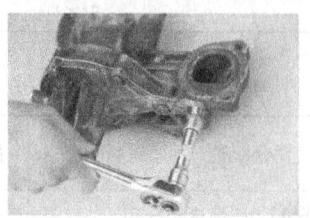

3 拆卸离心水泵盖

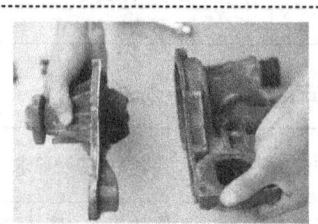

2. 离心水泵零件的检修

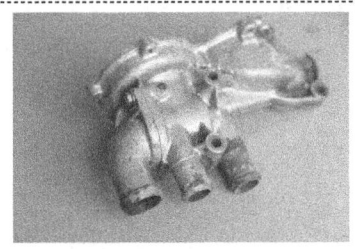

1 离心水泵壳体的检修

①离心水泵壳体砂眼可采用铸铁焊条焊接或用环氧树脂胶粘接

②当离心水泵壳体平面发生翘曲变形且其接合面翘曲变形超过0.15mm时,应将其车平或磨平,但车削总量应不大于0.50mm。在装配时,应根据车削量加厚离心水泵盖的衬垫

③检查离心水泵壳轴承孔的磨损情况。轴承孔中经常压入压出轴承,会使座孔磨损。检查轴承座孔是否磨损,可采用压配合镶套法修复,然后镗出座孔

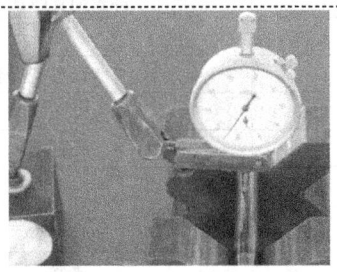
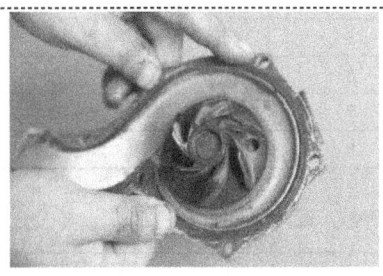

2 离心水泵轴的检修:检查离心水泵轴与轴承内径的配合间隙,此间隙值应不大于0.03mm,若不符合该规定,则应换用新件。当离心水泵轴弯曲度超过0.50mm时,应进行冷压校正

3 离心水泵叶轮的检修:若离心水泵叶轮破裂,则应换新件

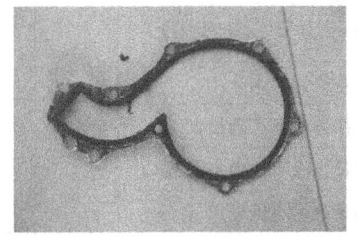

4 水封的检修:当水封圈外径磨损,水封老化、变形时,均应更换水封总成

5 检查离心水泵叶轮与泵壳间隙,应在0.8~2.2mm之间,否则应更换叶轮

3. 水泵装复后的试验

1 用手转动带轮,泵轴转动应自如,叶轮与泵壳应无碰擦现象

2 用手转动带轮,测试径向间隙,应无松旷感觉;前后拉动带轮,测试轴向间隙,以稍有旷动为宜

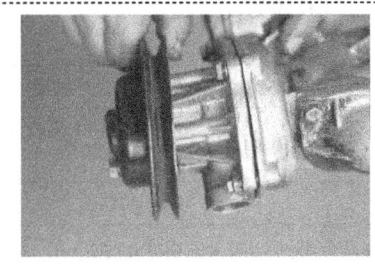

试题 8 燃油压力的检测

一、考核要求
1) 按正确的操作规程用燃油压力表检测燃油压力。
2) 查阅维修手册,判断燃油压力是否符合技术标准。

二、考核时间
60min。

三、设备及设施准备

序号	名 称	单位	数量	备 注
1	汽车(或发动机台架)	辆(台)	1	装备完好的汽油机
2	燃油压力表	块	1	各种接头齐全
3	发动机转速表	块	1	与燃油压力表配合使用
4	油管扳手	套	1	拆装油管时使用
5	常用工具、量具	套	1	—
6	维修手册	本	1	与考试车型配套
7	棉纱	团	1	—
8	秒表	块	1	计时用

四、配分与评分标准

序号	作业项目	考核内容及要求	配分	评分标准	考核记录	扣分	得分
1	正确选用工具、量具	选用的工具、量具齐全并准确	5	缺一件扣 1 分,选错一件扣 1 分,扣完为止			
2	准备	检测前的准备	5	准备不充分,每次扣 2.5 分,扣完为止			
				准备失误扣 5 分			
3	测量	连接燃油压力表	20	连接方法不正确扣 20 分			
		测量燃油压力	20	测量方法不正确扣 10 分			
				测量结果不正确扣 10 分			
4	分析	查阅维修手册,对读取的数值进行分析	20	分析结果不正确扣 10 分			
				不会分析扣 20 分			
5	正确使用工具、量具	工具、量具使用正确	10	一种工具、量具使用不正确扣 2 分,扣完为止			
				损坏或丢失一件工具、量具不得分			
6	操作规程	操作规程执行情况	15	违反操作规程不得分			
7	清理现场	清理、擦洗并回收工具和量具	5	少回收一件工具或量具扣 1 分,扣完为止			
8		分数总计	100				

否定项说明:出现重大安全事故按 0 分计

五、基本操作步骤

操作步骤描述：检测前的准备→检测→清理现场。

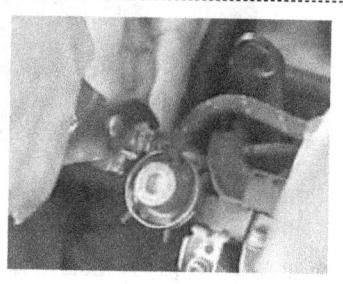

1 首先拆下进油管与燃油分配器的接头。在拆卸时，应在接头下部垫上抹布，以防止燃油滴落到发动机体上，引起火灾

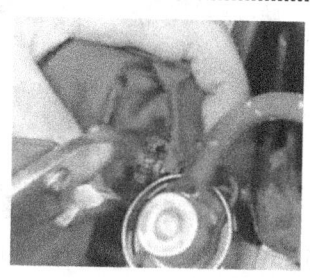

2 如果燃油管内压力过高，则在拆卸时应用抹布包住油管接头，以防止燃油喷出，造成伤害

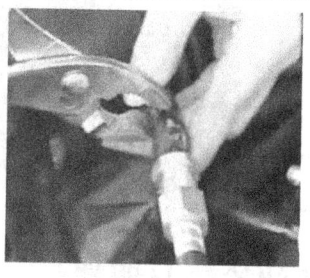

3 将燃油压力表专用接头连接到燃油管上，并夹紧其接头，防止泄漏

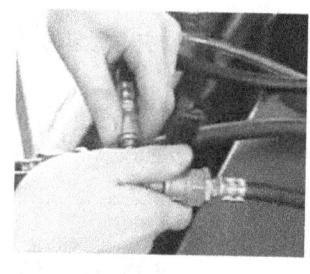

4 在将燃油管路接好后，打开油路开关，即可起动发动机

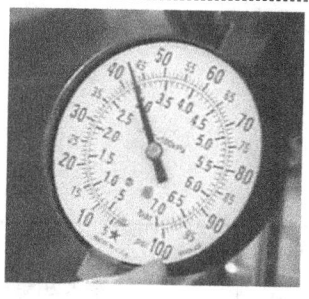

5 使发动机保持怠速状态，观察燃油压力表，压力值应能迅速达到300~420kPa

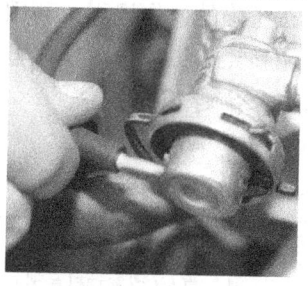

6 当拔下燃油压力调节器上的真空软管时，其燃油压力应能迅速升高

7 当接上燃油压力调节器上的真空软管时，其燃油压力应能迅速下降到标准值

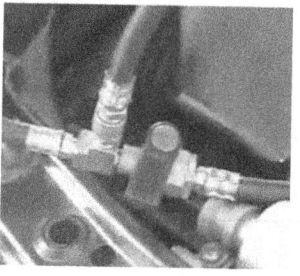

8 在关闭发动机后，将燃油压力表管路上的开关关闭

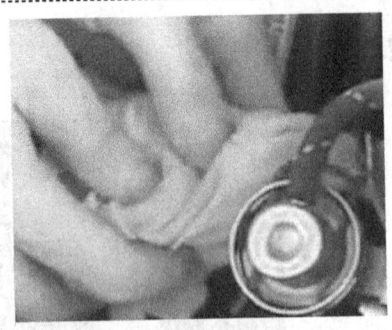

9 通过观察燃油压力表是否继续下降,可以初步判定燃油压力调节器及喷油器是否存在泄漏故障

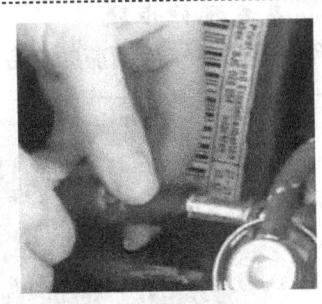

10 如果燃油的保持压力为300kPa,热机时为300kPa,冷机时为220kPa,即可装上进油管,并用夹箍夹紧

11 在装好进油管后,应再次起动发动机,观察接头有无泄漏情况

试题9 发动机点火提前角的检测与调整

一、考核要求
1) 按正确的操作规程,利用点火正时灯检查点火提前角。
2) 调整点火提前角,使之符合技术标准要求。

二、考核时间
30min。

三、设备及设施准备

序号	名 称	单位	数量	备 注
1	汽车(或发动机台架)	辆(台)	1	要求为汽油机
2	点火正时灯	只	1	—
3	常用工具、量具	套	1	—
4	维修手册	本	1	与考试车型配套
5	棉纱	团	1	—
6	秒表	块	1	计时用

四、配分与评分标准

序号	作业项目	考核内容及要求	配分	评分标准	考核记录	扣分	得分
1	正确选用工量、量具	选用的工具、量具齐全并准确	5	缺一件扣1分,选错一件扣1分,扣完为止			

（续）

序号	作业项目	考核内容及要求	配分	评分标准	考核记录	扣分	得分
2	准备	检测前的准备	5	准备不充分，每次扣2.5分，扣完为止			
				准备失误扣5分			
3	检查	在飞轮或曲轴前端做上正确的点火提前角标记	10	操作方法不正确扣5分			
				操作不熟练扣5分			
		将点火正时灯连接到汽车上并起动发动机进行检查	10	连接方法不正确扣10分			
		判断点火提前角的大小	20	判断方法不正确扣10分			
				不会判断扣20分			
4	调整	查阅维修手册，调整点火提前角	20	调整不准确扣10分			
				不会调整扣20分			
5	正确使用工具、量具	工具、量具使用正确	10	一种工具、量具使用不正确扣2分，扣完为止			
				损坏或丢失一件工具、量具不得分			
6	操作规程	操作规程执行情况	15	违反操作规程不得分			
7	清理现场	清理、擦洗并回收工具和量具	5	少回收一件工具或量具扣1分，扣完为止			
8		分数总计	100				

否定项说明：出现重大安全事故按0分计

五、基本操作步骤
操作步骤描述：检查点火提前角→调整点火提前角。
1. 检查点火提前角

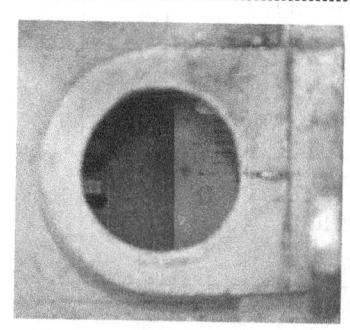

1 通过变速器壳体上的观察窗，将发动机的第一缸置于压缩行程的上止点

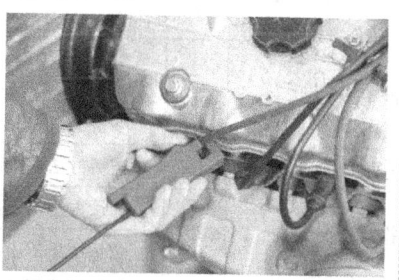

2 将点火正时灯的触发线接在发动机第一缸的高压线上，将正时灯的两个电源接头分别接在蓄电池的正、负极上

3 起动发动机，使其运转到正常工作温度，保证发动机在急速转速下稳定运转。用正时灯照射正时记号处，应使正时记号对正上止点前11°~13°的位置

说明：应将测出的点火提前角与规定标准值进行对照，判断点火提前角的大小是否符合要求。若点火提前角的大小不符合要求，则应进行调整。

2. 调整点火提前角

旋松分电器固定螺钉，旋转分电器盘调整提前角，直到校准 11°~13°为止，最后旋紧固定螺钉

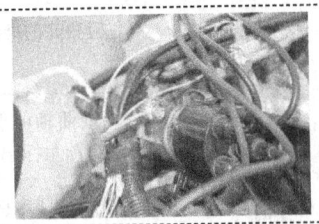

试题10　排放系统的检测

一、考核要求

1) 按正确的操作规程检测汽油机废气的排放情况。
2) 查阅维修手册，判断废气排放是否符合技术标准。

二、考核时间

20min。

三、设备及设施准备

序号	名　称	单位	数量	备　注
1	汽车(或发动机台架)	辆(台)	1	要求为汽油机
2	NHA—500型废气分析仪	台	1	三组分、五组分均可
3	维修手册	本	1	或配备相关废气排放国家标准
4	常用工具、量具	套	1	—
5	棉纱	团	1	—
6	秒表	块	1	计时用

四、配分与评分标准

序号	作业项目	考核内容及要求	配分	评分标准	考核记录	扣分	得分
1	正确选用工具、量具	选用的工具、量具齐全并准确	5	缺一件扣1分，选错一件扣1分，扣完为止			
2	准备	检测前的准备	5	准备不充分，每次扣2.5分，扣完为止			
				准备失误扣5分			
3	检测	连接废气分析仪	20	连接方法不正确扣20分			
		检测废气排放情况	20	测量方法不正确扣10分			
				测量结果不正确扣10分			
4	分析	查阅维修手册，对读取的数值进行分析	20	分析结果不正确扣10分			
				不会分析扣20分			
5	正确使用工具、量具	工具、量具使用正确	10	一种工具、量具使用不正确扣2分，扣完为止			
				损坏或丢失一件工具、量具不得分			

(续)

序号	作业项目	考核内容及要求	配分	评分标准	考核记录	扣分	得分
6	操作规程	操作规程执行情况	15	违反操作规程不得分			
7	清理现场	清理、擦洗并回收工具和量具	5	少回收一件工具或量具扣1分,扣完为止			
8		分数总计	100				

否定项说明:出现重大安全事故按0分计

五、基本操作步骤

操作步骤描述:发动机怠速→调整仪器→插入取样探头→读数。

1. 准备

1 在车辆进入工位前,做好清理工作,准备好相关的工具等

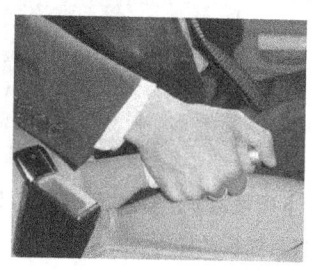

2 将车辆停好,拉紧驻车制动器

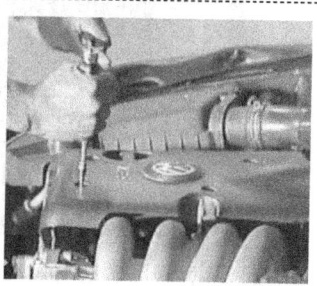

3 将发动机装饰罩上的螺钉拧松,取下固定螺钉和装饰罩

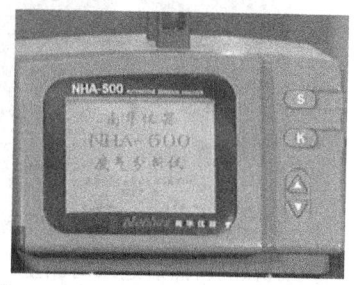

4 连接废气分析仪

5 将机油温度测量导线的插头插入废气分析仪后面板的相应插孔内

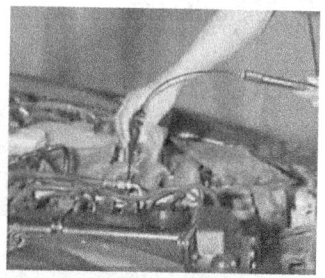

6 取出机油标尺,观察油位,然后擦净机油标尺上的机油,将其摆放到零件车上,再将导线上的保护管插入机油标尺套筒内

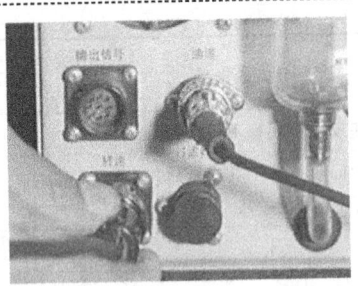

7 将转速测量导线插头插入废气分析仪后面板的相应插孔内

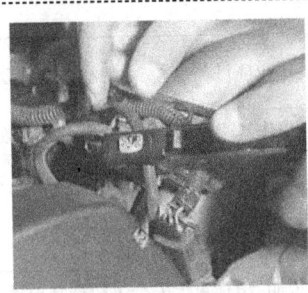

8 将转速测量钳夹持在发动机1号气缸的分缸线上

9 旋下压紧螺母,先将软管穿过螺母,再将软管插入废气分析仪后面板的样气入口中

10 将电源线插入废气分析仪后面的插孔内,接入220V电源

11 使发动机运转,然后进入驾驶室,横向摆动变速杆,确认变速器处于空挡位置

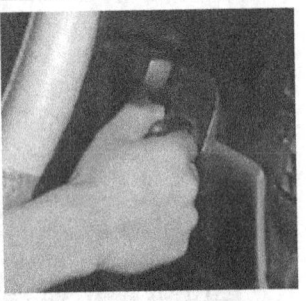

12 打开点火开关,起动发动机,并使其保持怠速运转

2. 汽车尾气的检测

1 打开废气分析仪后面的电源开关

2 此时仪器显示屏下方出现提示:"正在预热"。仪器在预热结束后,自动进入泄漏检查子菜单

 3 检查排气系统是否泄漏,此时显示屏下方出现提示:"用密封套堵住探头,然后按K键"	 4 将密封套装到探头上,按下<K>键后,显示屏下方出现提示:"正在检漏"。检漏完成后,仪器自动调零。调零完成后,显示屏上方是提示区,中部是实时测量显示区,下方是测量、调零、校准、检漏和设置五个子菜单选项
 5 按<S>键,移动光标至设置子菜单	 6 按下<K>键进行选择,显示屏上将显示"测量方式""冲程"等六个选项。使用上下键移动光标,选择相应选项;使用<S>键左右移动光标,选择选项中相应的内容。使用<K>键对选项进行确认
7 设置完成后,显示屏退回到主菜单,按下<K>键进行选择	—
8 仪器会根据预先设置的检测方式进行检测。此时仪器的气泵将起动运转,显示屏下方将提示:"请插入取样探头"	—
9 用手握住手柄,将取样管和探头插入汽车排气管中	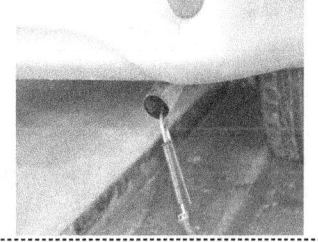
10 在将探头插入排气管后,显示屏上会出现提示:"正在取样"	—
11 取样结束后,显示屏显示发动机运转状态下待检测参数的实测值。将待检测参数实测值与标准值进行对照,确定该车的尾气排放是否符合要求	

12 测试完成后,将检测结果打印出来,光标会自动退回到退出选项上		—
13 按下<K>键,光标回到测量项,可进行第二遍测量或选择其他测量方式		—
14 断开仪器与车辆的连接,关闭点火开关,使发动机停止运转,取出取样管,拆卸其他导线 注意:取样管温度较高,应避免被烫伤		—

试题 11　喷油器的调校

一、考核要求

1）进行喷油器密封性试验。
2）检查喷油器的喷油压力。

二、考核时间

30min。

三、设备及设施准备

序号	名　称	单位	数量	备　注
1	汽车(柴油发动机)	辆(台)	1	—
2	喷油器试验器	台	1	—
3	秒表	块	1	用于计时

四、配分及评分标准

序号	作业项目	考核内容及要求	配分	评分标准	考核记录	扣分	得分
1	正确选用工具、量具	选用的工具、量具齐全并准确	5	缺一件扣1分,选错一件扣1分,扣完为止			
2	准备	喷油器试验器使用前的准备工作	10	准备不充分扣5分			
				准备失误扣5分			
3	密封性试验	试验方法和试验结果	30	试验方法错误扣15分			
				试验结果错误扣15分			
4	检查喷油器的喷油压力	检查方法和检查结果	25	检查方法错误扣15分			
				检查结果错误扣10分			
5	正确使用工具、量具	工具、量具使用正确	10	一种工具、量具使用不正确扣2分,扣完为止			
				损坏或丢失一件工具、量具不得分			
6	操作规程	操作规程执行情况	15	违反操作规程不得分			
7	清理现场	清理、擦洗并回收工具和量具	5	少回收一件工具或量具扣1分,扣完为止			
8		分数总计	100				

否定项说明:出现重大安全事故按0分计

五、基本操作步骤

操作步骤描述：检查密封性→检查压力。

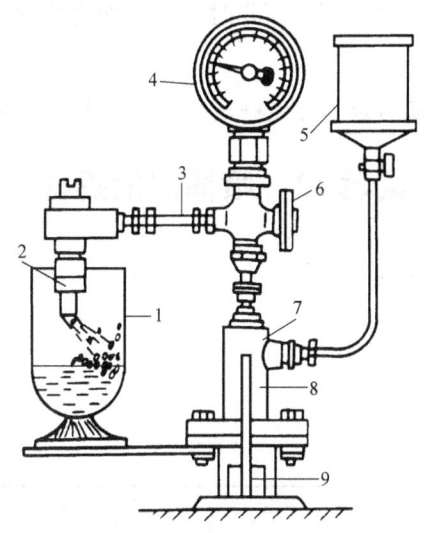

▲柴油机喷油器试验器

1—接油杯　2—喷油器　3—高压油管　4—压力表　5—油罐
6—止回阀　7—放气螺钉　8—手压喷油泵　9—压油手柄

1. 密封性检查与试验

> 说明：密封性检查与试验是在喷油器试验器上对喷油器进行密封性、喷油压力和喷油量的检查，若结果不符合要求，则必须对喷油器进行拆检。

喷油器的密封性检查与试验，主要包括以下两个方面：

（1）导向部分（针阀与针阀体）配合严密性的检查与试验

1）将喷油器装在喷油器试验器上，把喷油压力调至19.6MPa。

2）观察喷油压力由19.6MPa下降到17.6MPa所经历的时间，正常值为10s。如果经历的时间过短，则说明喷油器导向部分的配合间隙过大，回油量较多；如果时间过长，则说明喷油器导向部分有卡滞或拉毛现象。

（2）针阀密封锥面的密封性检查与试验

1）以较慢的速度按压喷油器试验器手柄（压油手柄），使喷油压力均匀升高到低于要求的喷油压力22.4MPa以下，并使此压力保持10s以上。

2）在此期间，喷油孔附近不得有柴油聚集或渗漏现象，但允许有少量湿润。

3）当压力增至规定的喷油压力时，在喷油器开始喷油的瞬间，允许喷油孔附近湿润，但不应有滴油现象。

4）如果喷油孔滴油或渗油，则应进行检修。若检修后仍达不到上述要求，则应更换喷油器。

2. 喷油压力试验

1）将各缸喷油器分别装到喷油器试验器上，将连接部位拧紧，然后放气。

2）快速按下压油手柄若干次，在将喷油器内空气排出后，再缓慢地按动压油手柄（以每分钟60次为宜)。

3)在将喷油器内的细小杂质和油污排出后,观察油压表读数。

4)当油压表读数开始下降时,开始下降时的压力即为喷油器的开启压力。其数值应符合技术要求,否则应进行调整。

说明:各喷油器的喷油压力应尽可能一致,一般相差不得超过0.025MPa。

试题12 喷油器的拆检

一、考核要求

1)对喷油器进行拆解、清洁。

2)对喷油器进行检验。

二、考核时间

30min。

三、设备及设施准备

序号	名称	单位	数量	备注
1	YC6105QC型柴油机	台	1	—
2	喷油器试验器	台	1	—
3	秒表	块	1	用于计时

四、配分及评分标准

序号	作业项目	考核内容及要求	配分	评分标准	考核记录	扣分	得分
1	正确选用工具、量具	选用的工具、量具齐全并准确	5	缺一件扣1分,选错一件扣1分,扣完为止			
2	准备	喷油器试验器使用前的准备工作	10	准备不充分扣5分			
				准备失误扣5分			
3	拆解	正确拆解喷油器	15	拆解方法错误扣15分			
4	清洁	正确清洁喷油器	15	清洁方法错误扣15分			
5	检验	对喷油器进行正确的检验	25	检验方法错误扣15分			
				检验结果错误扣10分			
6	正确使用工具、量具	工具、量具使用正确	10	一种工具、量具使用不正确扣2分,扣完为止			
				损坏或丢失一件工具、量具不得分			
7	操作规程	操作规程执行情况	15	违反操作规程不得分			
8	清理现场	清理、擦洗并回收工具和量具	5	少回收一件工具或量具扣1分,扣完为止			
9		分数总计	100				

否定项说明:出现重大安全事故按0分计

五、基本操作步骤

操作步骤描述:拆解→清洁→检验。

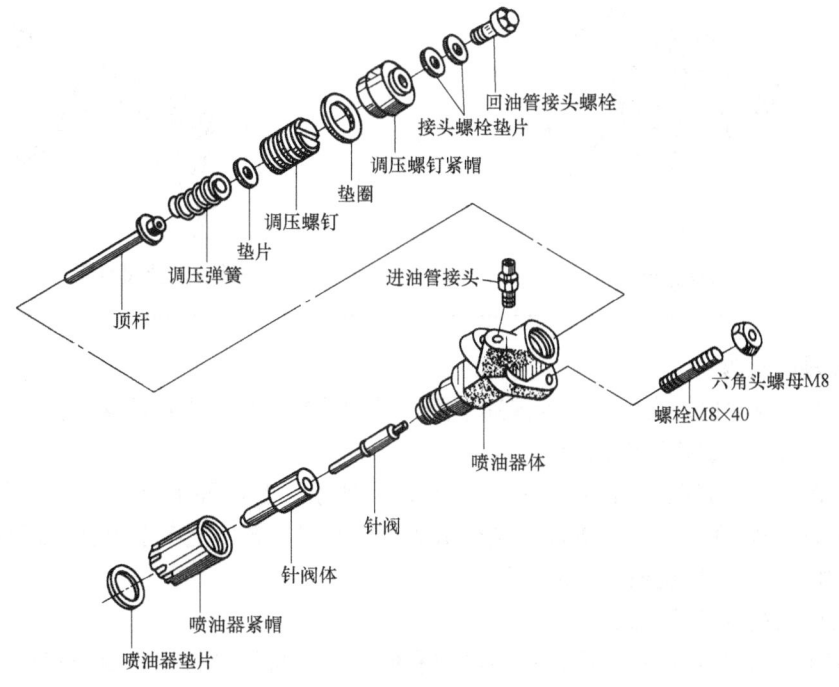

▲喷油器零件的分解

1. 喷油器的分解与清洁

1 将外部清洗干净的喷油器夹在垫有铜片的台虎钳上进行分解，将分解出来的零件置于干净的柴油中泡浸、清洗并擦拭干净	—
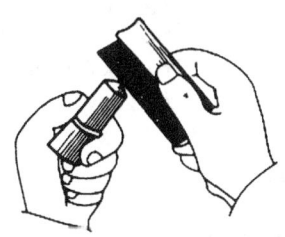 2 用钢丝刷清除喷油器外部的积炭	 3 用专用工具疏通油道
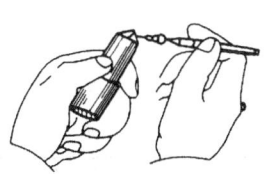 4 用专用探针清理针阀体喷孔内、外的积炭	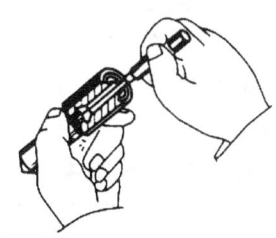 5 用铜制弯头刮刀清理针阀体内压力室中的积炭

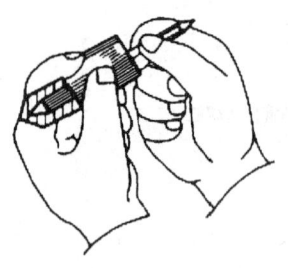
6 用专用工具清洁密封锥面

7 用铜针清理针阀油道

2. 喷油器的检验

喷油孔扩大或磨损,会引起柴油流速下降,雾化质量变坏,出现油滴或油束,使柴油燃烧不完全,发动机冒烟并形成积炭。

1) 针阀和阀座的配合表面不得有烧伤或腐蚀现象。若锥面上磨出沟槽,密封环带由 0.20~0.25mm 增宽到 0.50~1.0mm,则会造成密封不严,阀体上产生积炭,滴油严重。

2) 针阀不得有变形现象或其他损伤。

3) 缝隙式滤芯不得堵塞。

4) 针阀偶件的配合检验方法:将阀体向右倾斜,并将针阀拉出自身长度的 1/3;在放开针阀后,针阀能够靠其自重滑入针阀座中;若针阀在某位置不能平稳下滑,则说明针阀变形或表面损伤,若针阀下滑速度太快,则说明间隙过大。若出现以上两种现象,则应更换针阀偶件。

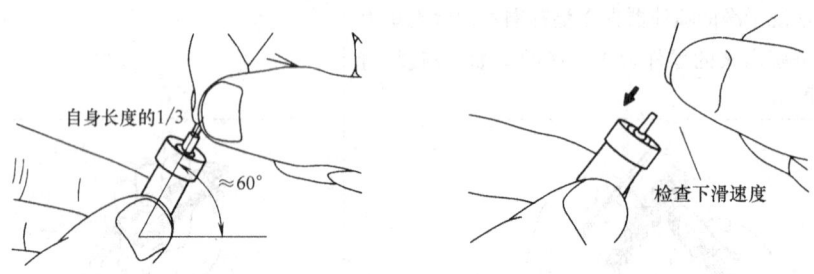

▲针阀偶件的配合检验

试题 13　活塞连杆组件的装配

一、考核要求

能够装配活塞连杆组。

二、考核时间

30min。

三、设备及设施准备

序号	名　　称	单位	数量	备　　注
1	汽车(发动机)	辆(台)	1	—
2	常用工具、量具	套	1	—
3	秒表	块	1	用于计时

四、配分及评分标准

序号	作业项目	考核内容及要求	配分	评分标准	考核记录	扣分	得分
1	正确选用工具、量具	选用的工具、量具齐全并准确	5	缺一件扣1分,选错一件扣1分,扣完为止			
2	准备	装配前的准备工作	5	准备不充分扣5分			
3	装配	装配活塞连杆	30	装配错误酌情扣分			
		装配活塞环	30	装配错误酌情扣分			
4	正确使用工具、量具	工具、量具使用正确	10	一种工具、量具使用不正确扣2分,扣完为止			
				损坏或丢失一件工具、量具不得分			
5	操作规程	操作规程执行情况	15	违反操作规程不得分			
6	清理现场	清理、擦洗并回收工具和量具	5	少回收一件工具或量具扣1分,扣完为止			
7	分数总计		100				

否定项说明:出现重大安全事故按 0 分计

五、基本操作步骤

操作步骤描述:组装活塞连杆→组装活塞环。

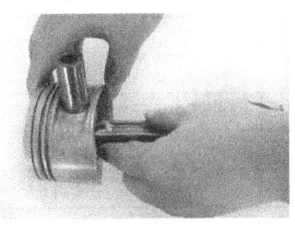

1 将活塞置于水中,加热到 70~80℃时取出,擦拭干净。在座孔和活塞销上涂上薄薄的一层机油,用大拇指把活塞销推入座孔,并使其迅速通过连杆小头衬套孔,直至另一侧销座孔的锁环槽边

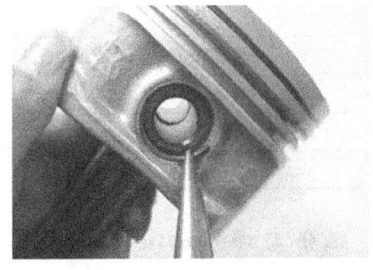

2 装上活塞销两边的锁环。对有磨损台阶的锁环,应予以更换

3 安装油环

说明:装配油环时,先装衬环,后装刮片环,上下刮片环开口应错开180°

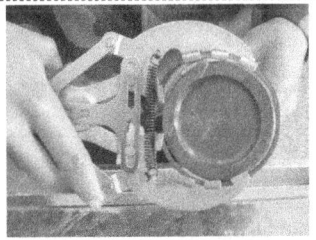

4 用活塞环拆装钳先安装第二道气环,然后安装第一道气环

说明:为了避免可燃混合气从活塞环的开口间隙中漏出,装配时应将活塞环的对口方向互相错开

5 安装其余的活塞连杆组

说明:每组必须做好记号,以防装复时顺序错乱

试题14　曲轴轴承间隙的检查

一、考核要求

1)按正确的操作规程检查曲轴轴承的轴向间隙。
2)按正确的操作规程检查曲轴轴承的径向间隙。

二、考核时间

20min。

三、设备及设施准备

序号	名　称	单位	数量	备　注
1	发动机气缸体	只	1	无油底,装备曲轴
2	百分表及表座	只	1	—
3	塞尺	把	1	—
4	一字槽螺钉旋具	把	1	—
5	撬棍	根	1	—
6	常用工具、量具	套	1	—
7	维修手册	本	1	与所选气缸体型号配套
8	棉纱	团	1	—
9	秒表	块	1	用于计时

四、配分与评分标准

序号	作业项目	考核内容及要求	配分	评分标准	考核记录	扣分	得分
1	正确选用工具、量具	选用的工具、量具齐全并准确	5	缺一件扣1分,选错一件扣1分,扣完为止			
2	准备	检查前的准备	5	准备不充分,每次扣2.5分,扣完为止			
				准备失误扣5分			
3	检查	安装百分表	10	操作方法不正确扣5分			
				安装位置不正确扣5分			
		检查轴向间隙	25	检查方法不正确扣15分			
				检查结果不正确扣10分			
		检查径向间隙	25	检查方法不正确扣15分			
				检查结果不正确扣10分			

(续)

序号	作业项目	考核内容及要求	配分	评分标准	考核记录	扣分	得分
4	正确使用工具、量具	工具、量具使用正确	10	一种工具、量具使用不正确扣2分,扣完为止			
				损坏或丢失一件工具、量具不得分			
5	操作规程	操作规程执行情况	15	违反操作规程不得分			
6	清理现场	清理、擦洗并回收工具和量具	5	少回收一件工具或量具扣1分,扣完为止			
7	分数总计		100				

否定项说明:出现重大安全事故按0分计

五、基本操作步骤

操作步骤描述:安装百分表→测量。

1. 检查轴向间隙

1 拆卸飞轮

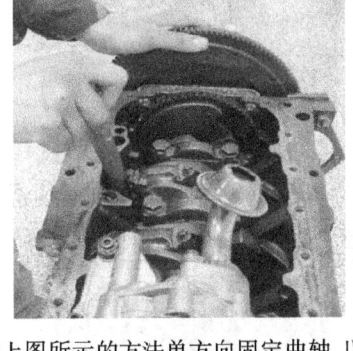

2 用上图所示的方法单方向固定曲轴,以在拆卸飞轮螺栓时,防止曲轴旋转

3 拆下飞轮

注意:按对角分两三次拧下飞轮上的6个固定螺栓,取下飞轮

4 拆下曲轴后油封凸缘

注意:按对角分两三次拧下曲轴后油封凸缘的6个固定螺栓;用橡皮锤轻击并取下曲轴后油封凸缘

5 把百分表架固定在飞轮壳上,将百分表测头抵住飞轮表面,然后用螺钉旋具轴向撬动飞轮,同时观察百分表指针的指示情况

6 也可用螺钉旋具轴向撬动飞轮,用塞尺进行测量

2. 检查径向间隙

1 用手转动曲轴,若感觉费力,则说明径向间隙过小;若感到过松,则说明径向间隙过大

2 拆下轴承盖紧固螺栓,取下轴承盖

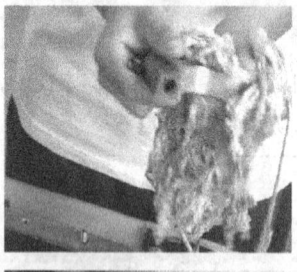

3 用干净的抹布擦净轴瓦和主轴颈表面上的油污

4 取出与轴瓦同宽的塑料线规,沿曲轴轴向放置在轴瓦上(让开油孔)

第一章　发动机大修

5 安装轴承盖,按规定力矩拧紧螺栓

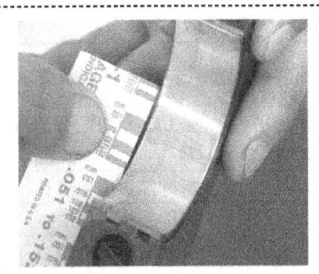

6 拆下轴承盖,测量其宽度,并与标准值比较,若不符合要求,则应更换轴瓦

7 安装轴瓦时,应先在轴瓦表面涂抹新鲜的机油,然后将其安装好

注意:六缸发动机应拆检2个以上的轴瓦,并且拆检、装复一个之后,再拆检、装复另一个;4缸发动机可拆检2个

试题15　发动机外围部件的拆卸

一、考核要求
1) 能够完成发动机外围部件的拆卸。
2) 掌握拆卸发动机外围部件的注意事项。

二、考核时间
40min。

三、设备及设施准备

序号	名　　称	单位	数量	备　注
1	桑塔纳2000AJR型发动机拆装翻转台架	台	1	—
2	零件车	辆	1	—
3	工具车	辆	1	—
4	汽车维修常用工具、量具	套	1	—
5	桑塔纳轿车专用工具	套	1	—
6	油盆	只	1	—
7	水盆	只	1	—
8	抹布	块	若干	—
9	桑塔纳2000AJR型发动机维修手册	套	1	—
10	秒表	块	1	用于计时

四、配分及评分标准

序号	作业项目	考核内容及要求	配分	评分标准	考核记录	扣分	得分
1	正确选用工具、量具	选用的工具、量具齐全并准确	5	缺一件扣1分,选错一件扣1分,扣完为止			
2	准备	拆卸前的准备工作	10	准备不充分扣10分			
3	分解	燃油系统泄压	5	按要求酌情扣分,并指正			
		断开发动机电源	2	按要求酌情扣分,并指正			
		断开发动机燃油管路	5	按要求酌情扣分,并指正			
		排放机油、冷却液	5	按要求酌情扣分,并指正			
		拆卸电控系统传感器和执行器	7	按要求酌情扣分,并指正			
		拆卸进气管路软管	5	按要求酌情扣分,并指正			
		拆卸节气门体上的管路及附件	3	按要求酌情扣分,并指正			
		拆卸发动机上的其他水管	3	按要求酌情扣分,并指正			
		拆卸发电机	5	按要求酌情扣分,并指正			
		拆卸进、排气管	8	按要求酌情扣分,并指正			
		拆卸起动机	3	按要求酌情扣分,并指正			
		拆卸机油滤清总成	5	按要求酌情扣分,并指正			
		拆卸惰轮和压缩机支架	5	按要求酌情扣分,并指正			
		拆卸节温器	2	按要求酌情扣分,并指正			
4	正确使用工具、量具	工具、量具使用正确	10	一种工具、量具使用不正确扣2分,扣完为止			
				损坏或丢失一件工具、量具不得分			
5	操作规程	操作规程执行情况	10	违反操作规程不得分			
6	清理现场	清理、擦洗并回收工具和量具	5	少回收一件工具或量具扣1分,扣完为止			
7	分数总计		100				

否定项说明:出现重大安全事故按0分计

五、基本操作步骤

操作步骤描述:拆卸发动机外围件。

1. 燃油系统泄压

① 关闭点火开关,使发动机电路系统断电

② 找到熔丝继电器插座板,找到燃油泵熔丝(10A),然后起动发动机,待其自动熄火后,关闭点火开关

说明:该项操作的主要目的是释放燃油供给系统内的燃油

2. 断开发动机电源

拆下蓄电池

说明：在拆卸蓄电池时，一般先拆负极，后拆正极；安装时则相反

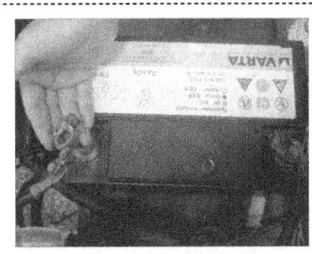

3. 断开燃油管路

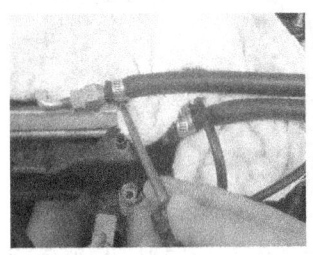

① 断开进油管和回油管管路

说明：在断开油管时，应用干净的毛巾将油管接头包住，以防燃油泄漏

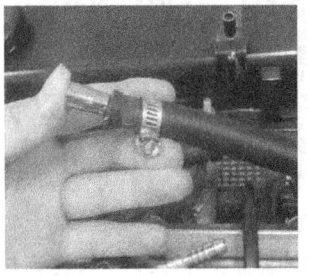

② 在油管上插上堵头

说明：将堵头插入断开的油管内，以减少燃油洒失，也可防止污物进入油管而污染燃油

4. 放净机油

① 将油盆置于发动机油底壳放油螺塞正下方，放净机油

② 为将机油排放干净，需将气缸盖罩上的机油盖拧下来

5. 放净冷却液

① 先将水盆置于散热器的下方，正对于散热器出水口处，再将散热器下水管的卡箍松开，拉开水管，让冷却液流入水盆中

② 在放冷却液的同时需将储液罐盖打开，以便冷却液能流尽

3 拆下发动机上水管和下水管

6. 拆下电控系统传感器和执行器

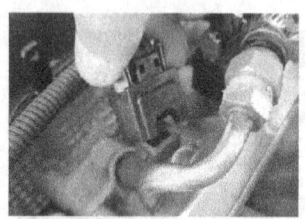

1 在燃油分配管上找到喷油器导线插头,用手捏住1缸喷油器插头后端的卡子,拔下1缸喷油器导线插头

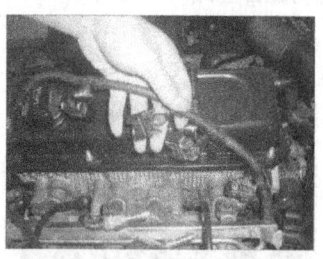

2 依次拔下其余三个气缸的喷油器导线插头,取下整个线束

3 拔下凸轮轴位置传感器插头

4 拔下转速传感器插头、爆燃传感器插头和氧传感器插头

5 拔下冷却液温度传感器插头和空调制冷剂温度开关

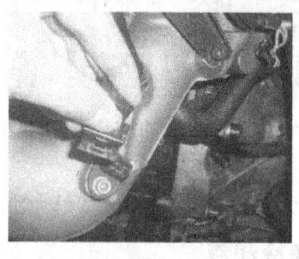

6 拔下进气温度传感器插头

7 拔下机油压力传感器插头

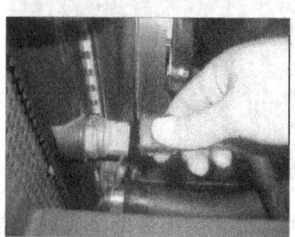

8 拔下散热器热敏开关插头

第一章　发动机大修

9　拔下空气流量计插头

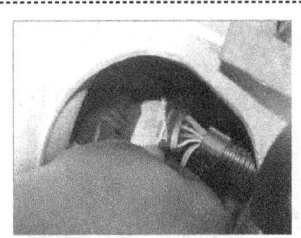
10　拔下点火模块插头

7. 拆下进气管路软管

1　拆下空气滤清器

说明：在从空气滤清器壳中取出滤芯时，要尽量避免滤芯抖动，这样做的目的是防止吸附在滤芯上的沙尘掉入进气道

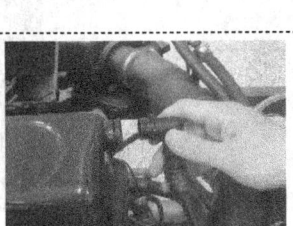
2　拆下透气软管

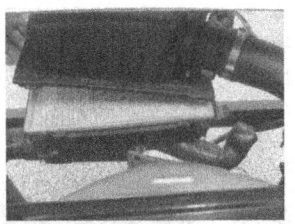

3　拔下燃油分配管真空管路

8. 拆下节气门体上的管路及附件

1　拆下节气门体上的各个管路

2　拔下节气门传感器插头

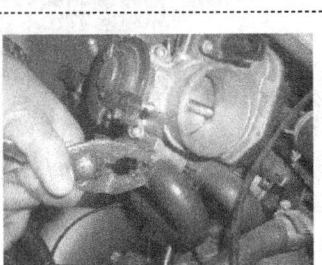
3　拆卸节气门预热水管（两根）

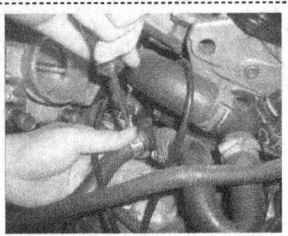
4　依次拔下节气门体进气预热水管、空调暖风水管和散热器上冷却液管

9. 拆下发电机

1 用火花塞高压线专用拆装钳,依次拆下四根高压线

说明:四缸发动机的点火顺序一般为 1-3-4-2。桑塔纳 2000 AJR 型发动机四根高压线的长度不一,对应不同的缸体

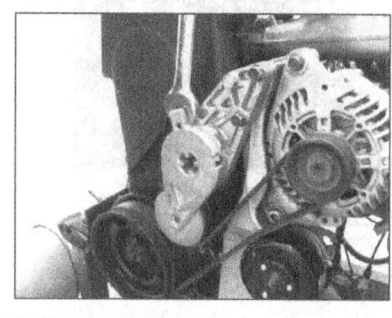

2 拆下发电机传动带

说明:若将发电机传动带拆卸后不进行更换,则应在传动带上做好方向记号

3 拆下发电机紧固螺栓

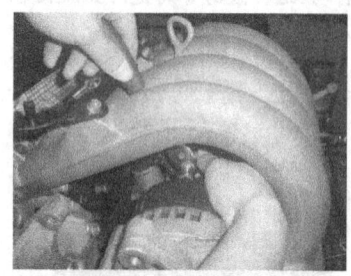

4 拆下发电机连接导线

5 拆除传动带张紧器

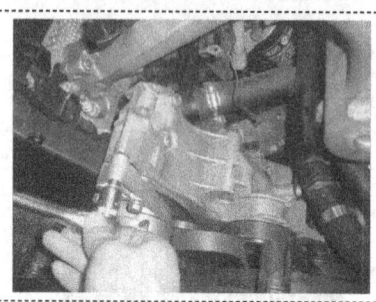

10. 拆下发动机进、排气管

1 取下发动机机油标尺

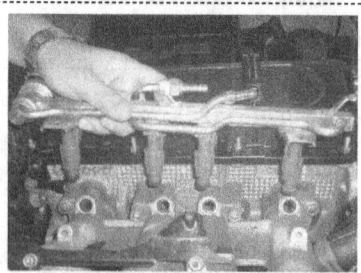

2 拆下燃油分配管总成

说明:燃油分配管上有燃油压力调节器、进油管、回油管和喷油器插孔

第一章　发动机大修

3 拆下喷油器

说明：在取下喷油器后，应及时将进气歧管上孔堵住，以防杂物掉入

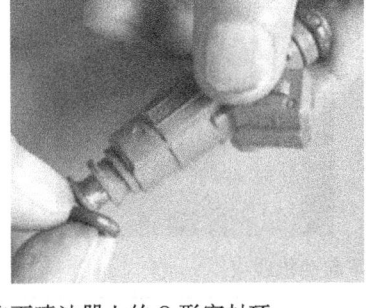

4 取下喷油器上的O形密封环

5 拆下进气歧管

说明：在拆卸进气歧管固定螺栓时，应按照由外向内和对角的顺序，分两三次拧松螺栓

6 取下进气歧管

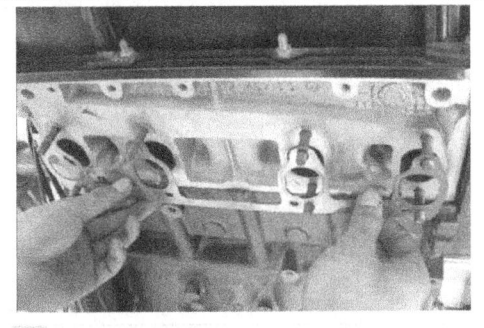

7 拆下进气歧管垫

说明：进气歧管垫不可重复使用

8 拆卸排气歧管

说明：拆卸螺栓时应按由外向内的顺序，分两三次将其拧下

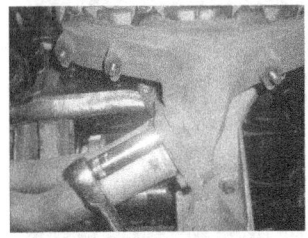

9 依次拧下排气管的4个紧固螺栓，并拆下排气管

说明：在拆卸排气管的紧固螺栓时，应按照对角的顺序，分两三次将其拧松

10 拧下排气歧管的8个紧固螺栓，取下排气歧管和排气歧管接口垫

11. 拆下起动机

1 拆下起动机线束

2 拆下起动机

12. 拆下机油滤芯总成

1 用机油滤芯扳手拧下机油滤芯

2 拆下机油滤芯座

说明：分两三次拧松机油滤芯座的紧固螺栓

13. 拆下惰轮和压缩机支架

拆下惰轮和压缩机支架的 6 个紧固螺栓，取下支架

14. 拆下节温器

1 拆下节温器壳及下水管

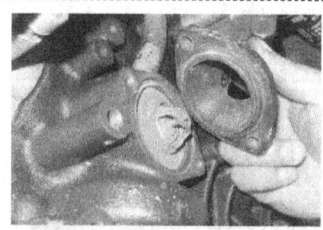

2 取下节温器壳

3 取出 O 形密封圈

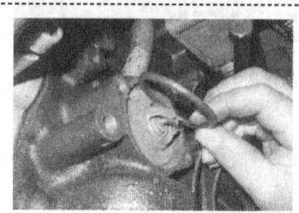

15. 发动机外围附件拆卸完毕

发动机外围附件拆卸完毕

试题16　发动机总成的装配与调整

一、考核要求
1）能够装配发动机总成。
2）能够对发动机总成进行调整。

二、考核时间
60min。

三、设备及设施准备

序号	名　　称	单位	数量	备　　注
1	桑塔纳2000AJR型发动机	台	1	—
2	工作台	个	1	—
3	桑塔纳轿车专用工具	套	1	—
4	汽车维修常用工具、量具	套	1	—
5	秒表	块	1	用于计时

四、配分及评分标准

序号	作业项目	考核内容及要求	配分	评分标准	考核记录	扣分	得分
1	正确选用工具、量具	选用的工具、量具齐全并准确	5	缺一件扣1分,选错一件扣1分,扣完为止			
2	曲轴飞轮组的装配	装配方法和调整结果	10	装配方法一处错误扣2分,共6分			
				调整结果错扣4分			
3	活塞连杆组的装配	装配方法和调整结果	10	装配方法一处错误扣2分,共6分			
				调整结果错扣4分			
4	安装中间轴和中间轴齿带轮	装配方法和装配过程的检验	5	装配方法一处错误扣2分,共4分			
				装配过程检验错误扣1分			
5	安装机油泵和油底壳	装配方法和装配过程的检验	5	装配方法一处错误扣2分,共4分			
				装配过程检验错误扣1分			

（续）

序号	作业项目	考核内容及要求	配分	评分标准	考核记录	扣分	得分
6	安装气缸盖和配气机构	装配方法和装配过程的检验	10	装配方法一处错误扣2分，共6分			
				装配过程检验错误扣4分			
7	安装火花塞和爆燃传感器	装配方法和装配过程的检验	10	装配方法一处错误扣2分，共6分			
				装配过程检验错误扣4分			
8	安装齿形带	装配方法和装配过程的检验	5	装配方法一处错误扣2分，共4分			
				装配过程检验错误扣1分			
9	安装燃油系统	装配方法和装配过程的检验	5	装配方法一处错误扣2分，共4分			
				装配过程检验错误扣1分			
10	安装进、排气歧管总成	装配方法和装配过程的检验	5	装配方法一处错误扣2分，共4分			
				装配过程检验错误扣1分			
11	安装其他附件	装配方法和装配过程的检验	5	装配方法一处错误扣2分，共4分			
				装配过程检验错误扣1分			
12	正确使用工具、量具	工具、量具使用正确	10	一种工具、量具使用不正确扣2分，扣完为止			
				损坏或丢失一件工具、量具不得分			
13	操作规程	操作规程执行情况	10	违反操作规程不得分			
14	清理现场	清理、擦洗并回收工具和量具	5	少回收一件工具或量具扣1分，扣完为止			
15	分数总计		100				

否定项说明：出现重大安全事故按0分计

五、基本操作步骤

操作步骤描述：曲轴飞轮组的装配和调整→活塞连杆组的装配和调整→安装机油泵和油底壳等相关零部件→配气机构和气缸盖的装配→安装水泵、正时齿轮及相关零部件→安装气缸盖罩盖与正时齿带防护罩等相关零部件→安装机油滤清器、节温器及发电机支架等相关零部件→安装与进、排气歧管等相关的零部件→安装发电机等相关附件→安装发动机电控系统相关零部件。

1. 曲轴飞轮组的装配和调整

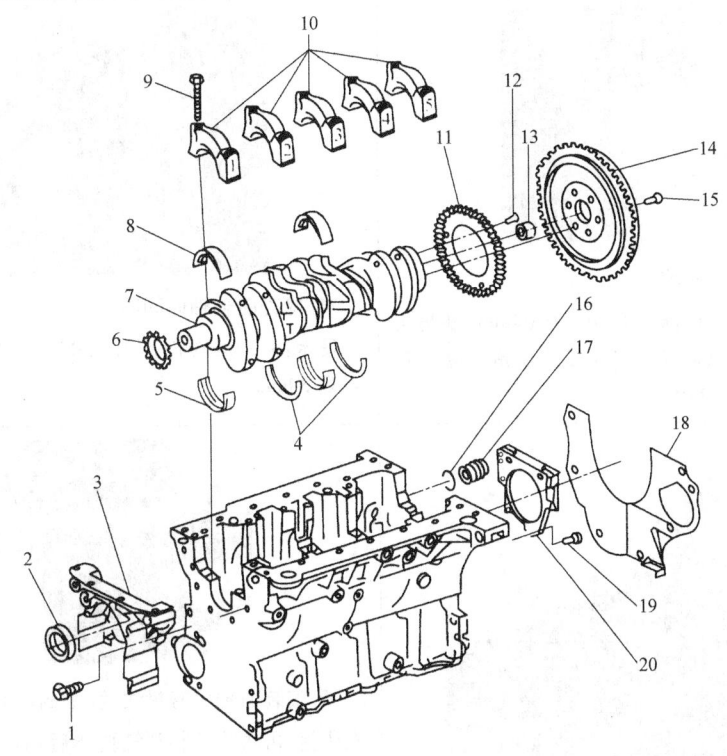

▲曲轴飞轮组的装配关系

1—前密封圈法兰螺栓 2—前油封 3—前密封法兰 4—止推垫片 5—主轴承 6—链轮 7—曲轴
8—主轴承 9—主轴承盖螺栓 10—主轴承盖 11—脉冲传感器轮 12—脉冲传感器轮螺栓 13—滚针轴承
14—飞轮 15—紧固螺钉 16—密封圈 17—螺塞 18—中间支架 19—后密封法兰螺栓 20—后密封法兰及油封

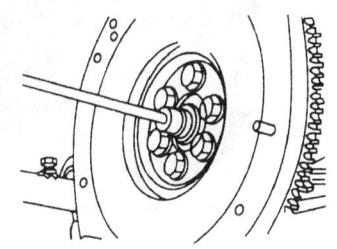

用专用工具压入滚针轴承

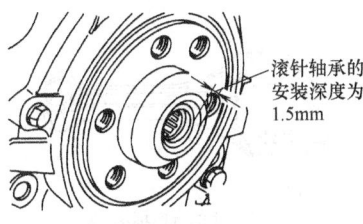

滚针轴承的压入深度

1 用专用工具将完好的曲轴后端滚针轴承压入轴承孔内,压入方法及压入深度如上图所示

2 安装曲轴。在轴瓦上涂抹润滑油将曲轴置于气缸体主轴承座上,按规定力矩依次从中间向两侧分三次拧紧紧固螺栓

提示:紧固螺栓的最终拧紧力矩为65N·m,最后再拧紧90°

3 检查曲轴径向间隙

提示:曲轴的径向间隙为0.01~0.04mm,磨损极限为0.15mm。曲轴的径向间隙还可以用千分尺和百分表进行测量和选配

4 检查曲轴轴向间隙

提示:曲轴轴向间隙为0.07~0.21mm,磨损极限为0.30mm

5 检查曲轴转动力矩。在按规定力矩拧紧主轴承后,应能用手转动曲轴,且无明显的阻力

6 安装曲轴后密封法兰(油封座):首先将油封装入法兰,再将法兰装到气缸体后端。在安装时,油封上要涂抹润滑油。法兰与气缸体之间有定位销。安装好的法兰底平面应与气缸体底平面处于同一平面内

提示:后密封法兰螺栓的拧紧力矩为16N·m

7 安装飞轮。在确保气缸体后端面无零部件漏装后,应将装有起动齿圈的飞轮安装在曲轴后端,并分三次对称拧紧紧固螺栓

提示:紧固螺栓的最终拧紧力矩为60N·m,最后再拧紧90°

2. 活塞连杆组的装配和调整

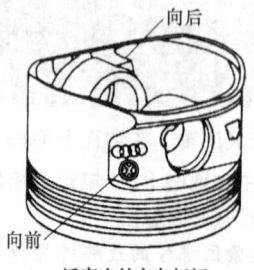

活塞上的方向标记

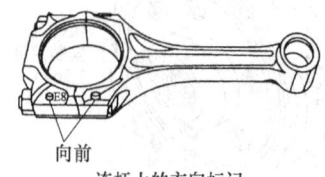

连杆上的方向标记

1 根据活塞和连杆上的标记,将它们按缸号依次分组摆放整齐

第一章　发动机大修

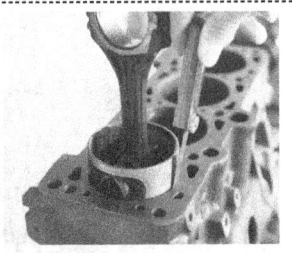

2　逐缸检查活塞配缸间隙

提示：桑塔纳2000 AJR型发动机的活塞与气缸间隙在室温(15～25℃)时为0.025～0.045mm

3　将组装好的活塞连杆组按标记分组摆放整齐，然后装好经选配合格的连杆轴承，并注意对正油孔和定位凸榫

4　将曲轴的连杆轴颈摇转至下止点位置，将未装活塞环的活塞连杆组装入相应的气缸中

5　安装活塞环并摆放开口位置

①安装活塞环时应注意：第一道压缩环为镀铬内倒角环，内倒角应朝上；第二道压缩环为外倒角环，倒角应朝下

②活塞环上的"TOP"标记应朝向活塞顶部

③向活塞环开口处、连杆与活塞连接处加入润滑油，并在连杆轴承和活塞裙部表面抹上润滑油，然后将活塞环转动数周

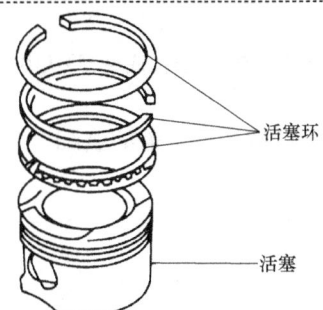

6　将活塞连杆组装入气缸：根据活塞、连杆的向前标记和气缸号，将活塞连杆组装入相应的气缸内，然后安装连杆轴承盖并按规定力矩拧紧连杆螺栓

3. 安装机油泵和油底壳等相关零部件

1　先将发动机倒置，再安装机油泵

2　将传动链套在主动链轮和被动链轮上，固定被动链轮(机油泵链轮)

提示：固定链轮的螺栓拧紧力矩为22N·m

3 安装传动链张紧器和挡油板

4 安装带有曲轴前油封的油封法兰(油封垫)。油封法兰与气缸体有定位销钉定位

提示:油封法兰紧固螺栓的拧紧力矩为15N·m

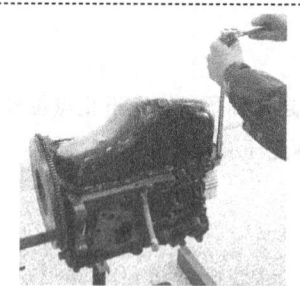

5 摆放密封衬垫,安装油底壳,并从中间向两侧分两次对称拧紧紧固螺栓

4. 配气机构和气缸盖的装配

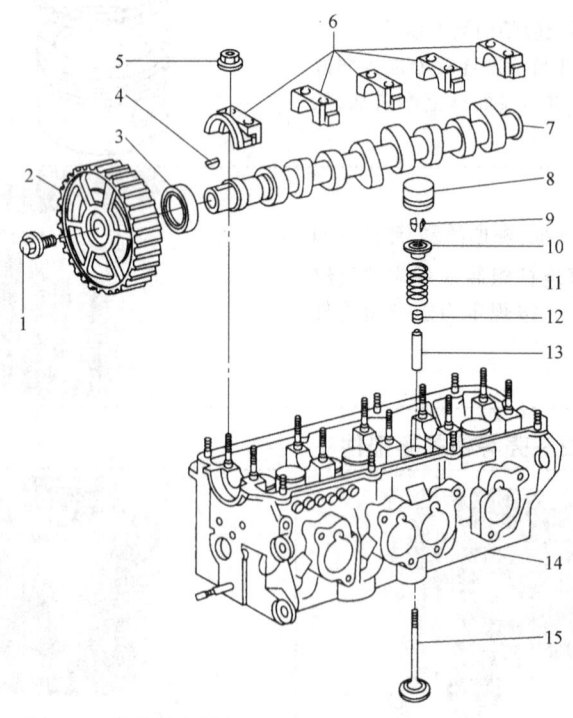

▲ 配气机构与气缸盖的装配关系

1—齿带轮紧固螺栓 2—凸轮轴正时齿带轮 3—油封 4—半圆键 5—紧固螺母 6—轴承盖 7—凸轮轴 8—桶形挺柱 9—气门锁片 10—气门弹簧座 11—气门弹簧 12—气门杆密封圈 13—气门导杆 14—气缸盖 15—气门

第一章　发动机大修

(1) 气门组的装配

用专用工具将气门油封压装于气门导管上。一定要将气门油封安装到位,并防止气门油封变形或损坏。在气门杆部涂抹润滑油后,装配气门、气门弹簧和气门弹簧座,并使用专用工具安装气门新锁片。在安装完毕后,要用木锤轻敲数下,以确保锁片安装到位

(2) 安装液压挺柱

将液压挺柱浸入润滑油中反复推压,排除内腔中的空气,然后按顺序在气门挺柱上涂抹润滑油,放入承孔中

(3) 安装凸轮轴和油封

在凸轮轴承孔表面涂抹润滑油,然后将凸轮轴置于气缸盖上的轴承孔座中,使一缸的凸轮朝上,按轴承盖顺序和方向安装轴承盖,最后从中间向两侧对角交替分多次拧紧轴承盖

(4) 安装气缸盖

① 将气缸垫放于气缸体上,使有"OPEN TOP"标记的一面朝向气缸盖

② 转动曲轴,使一、四缸活塞处于上止点位置,应确保气缸体上的气缸盖螺栓不通孔内无异物和油液

3 将气缸盖置于气缸体上,按上图的次序分三次拧紧气缸盖螺栓

5. 安装水泵、正时齿轮及相关零部件

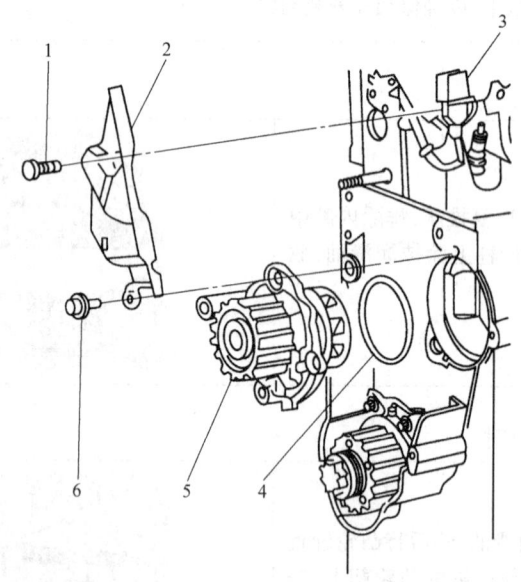

▲水泵、正时齿轮及相关零部件的装配关系

1、6—紧固螺栓 2—配气相位传感器罩盖 3—配气相位传感器 4—密封圈 5—水泵

1 将水泵的一端放入气缸体内
①安装配气相位传感器
②安装配气相位传感器罩盖(正时齿带后中防护罩)
③固定水泵

2 安装正时齿带轮及相关零部件
①安装曲轴正时齿带轮
②安装凸轮轴半圆键及正时齿带轮
③安装张紧轮
④先将凸轮轴调至一缸作功位置,再将曲轴调转至一缸上止点位置
⑤安装正时齿带,并适当调紧其张紧度

6. 安装气缸盖罩盖与正时齿带防护罩等相关零部件

① 安装气缸盖机油反射罩、气缸盖罩盖衬垫、气缸盖罩盖、紧固压条和正时齿带后上防护罩等相关零部件,均匀、适度地拧紧气缸盖罩盖紧固螺母

② 安装正时齿带下防护罩、中防护罩和上防护罩;安装曲轴带轮,紧固螺栓的拧紧力矩为40N·m

7. 安装机油滤清器、节温器及发电机支架等相关零部件

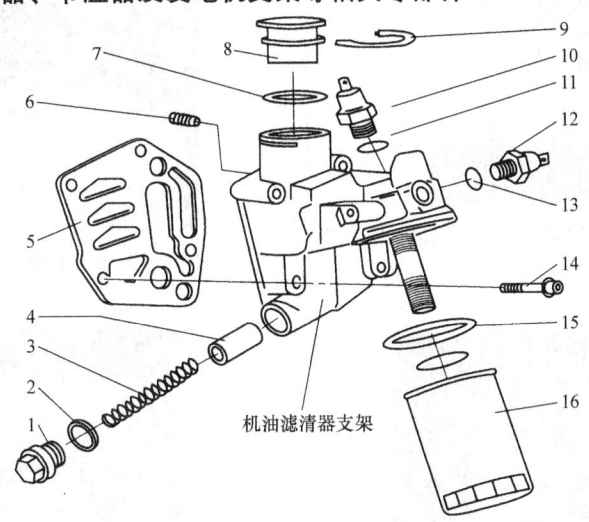

▲机油滤清器与相关零部件的装配关系
1—螺塞　2、7、11、13、15—密封圈　3—弹簧　4—活塞　5—密封垫　6—压力保持圈　8—盖子
9—夹箍　10、12—机油压力开关　14—机油滤清器支架螺栓　16—机油滤清器

(1) 安装机油滤清器

① 将已装有机油压力保持阀、泄压阀、机油压力开关和滤清器支架盖的机油滤清器支架装在气缸体上

② 安装机油滤清器。在机油滤清器与支架之间有O形密封圈,使用专用工具旋紧滤清器(旋紧力矩为20N·m),或参照说明书的要求安装

（2）安装节温器

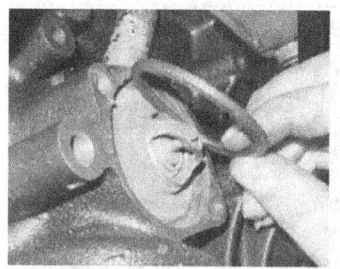

先安装节温器（节温器的感温部分应在气缸体内），再安装节温器座（进水管座），最后拧紧螺栓
说明：在节温器座与气缸体平面之间要装O形密封圈

8. 安装与进、排气歧管等相关的零部件

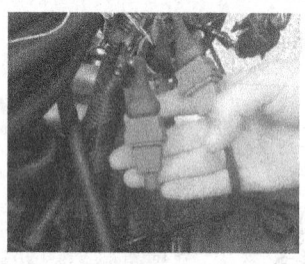

1 安装发动机转速传感器、爆燃传感器、发动机出水管和冷却系统小循环外水管

2 安装机油标尺下套管、火花塞

3 安装火花塞分缸高压线

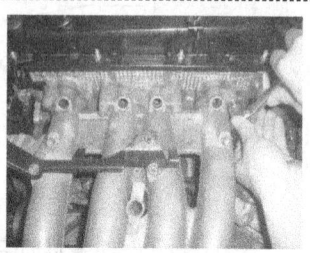

4 摆放进气歧管垫，安装进气歧管及支架，然后从中间向两侧，从上到下对称拧紧进气歧管紧固螺母，拧紧力矩为20N·m

5 安装进气温度传感器、喷油器、燃油分配管及燃油压力调节器

6 安装节气门体、节气门到燃油分配管的燃油压力真空管

第一章　发动机大修

 7 安装发动机出水管与出水管座的连接软管：先将软管的另一端插入出水管座，再将发动机出水管座安装到气缸盖后端的出水口处	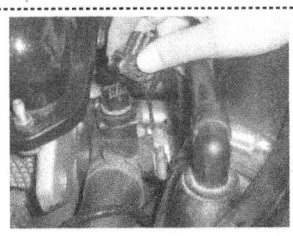 8 安装出水管座上的冷却液温度传感器和温度传感器
 9 安装节气门座进、出水软管	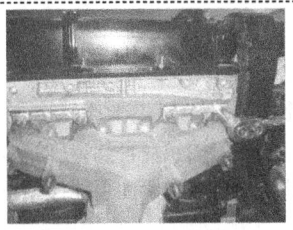 10 摆放排气歧管垫，安装排气歧管，然后从中间向两侧，从上到下对称拧紧紧固螺母
 11 安装起动机。紧固螺栓的拧紧力矩为65N·m	 12 安装发动机到膨胀水箱的回水软管

9. 安装发电机等相关附件

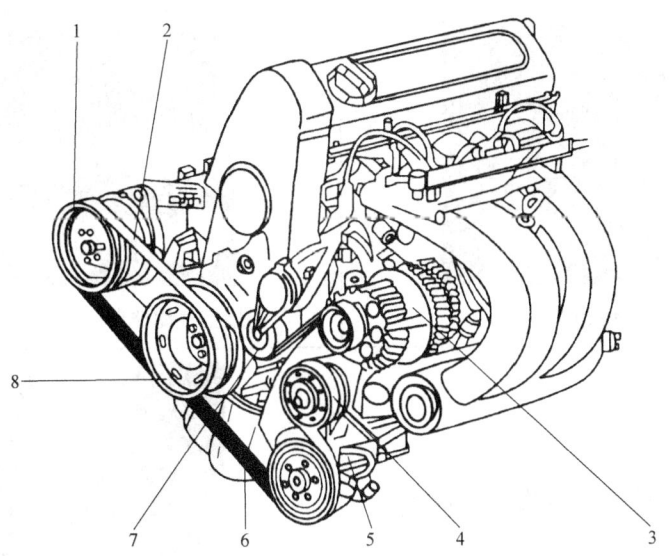

▲ 发电机、空调压缩机等相关附件的装配关系

1—空调压缩机　2—压缩机传动带　3—发电机　4—导向轮　5—转向助力泵　6—发电机传动带　7—张紧轮　8—曲轴带轮

① 安装发电机

② 安装空调压缩机支架，紧固螺栓的拧紧力矩为35N·m。安装空调压缩机，先将紧固螺栓拧到位，但暂不紧固，然后安装空调压缩机调整臂，此时仍仅需将紧固螺栓拧到位，但暂不紧固

③ 安装发电机传动带：先套上发电机传动带（若使用旧传动带，则其传动方向应与原传动方向一致），再沿箭头方向扳动传动带张紧轮并用销钉锁住，然后将传动带装到位，扳住张紧轮，取下销钉，使张紧轮处于张紧状态。传动带的安装位置应正确，张紧应适度

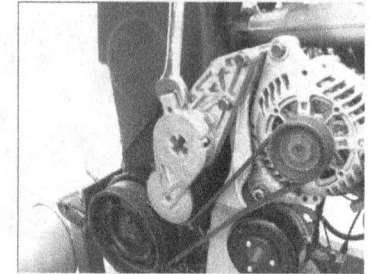

10. 安装发动机电控系统相关零部件

① 安装空气流量计和传感器

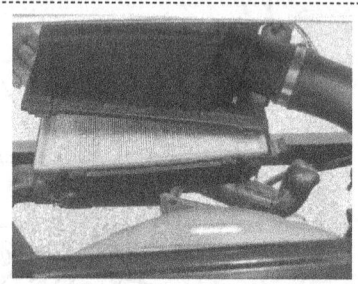

② 连接空气滤清器

③ 安装其他相关控制装置，并连接控制单元

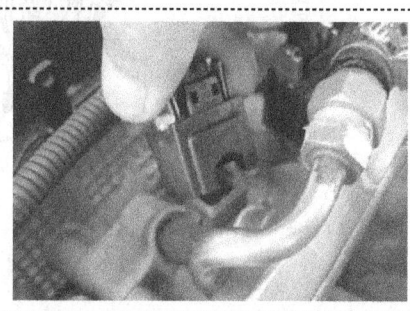

注意事项

1) 装配过程中所用的工具和量具应齐全、适用、合格。
2) 严格按照装配工艺进行装配，各部件的配合间隙均应符合技术要求。
3) 注意装配标记和零部件是否可以互换。对于组合加工件、重要配合副、定时传动件和调整垫等，应按规定的位置和方向（标记）装配，装配位置不可错乱，以免破坏其相互位置关系，如曲轴和连杆的轴承以及各活塞连杆组的位置和方向，气门及挺柱的位置等。
4) 注意运动件摩擦表面和重要的螺栓、螺母，在装配前应在摩擦表面上涂一层干净的润滑油，以便在运转初期润滑摩擦表面。
5) 对于紧固螺栓、螺母，应按规定力矩将其拧紧，并在拧紧后，再复查一次。各螺栓、螺母的锁止装置必须齐全有效。在将螺母拧紧后，螺栓上的螺纹露出螺母的部分不应少于两牙。
6) 在装配时，应检查活动零部件之间的运动是否协调。
7) 应确保各密封部位密封良好，防止漏水、漏油、漏气，应在重要密封部位涂上密封胶。在安装油封时，应先在唇口和外圆处涂抹润滑油，然后用压具压入。在装配时，应防止油封歪斜，唇口损坏，弹簧出槽。在安装油封座（盖）时，应注意油封座与轴的同轴度。
8) 在装配过程中，不得直接用锤子锤击机体和零件表面，必要时应垫铜棒、铜垫等软金属，然后才能用锤子锤击。

试题17　发动机竣工验收

一、考核要求
1) 能够检视发动机的各种状况。
2) 判断发动机竣工验收是否合格。

二、考核时间
60min。

三、设备及设施准备

序号	名称	单位	数量	备注
1	汽车发动机	台	1	已修
2	汽车检测维修工具、量具	套	1	
3	秒表	块	1	用于计时

四、配分及评分标准

序号	作业项目	考核内容及要求	配分	评分标准	考核记录	扣分	得分
1	正确选用工具、量具	选用的工具、量具齐全并准确	5	缺一件扣1分,选错一件扣1分,扣完为止			
2	外观检视附件是否齐全	检视方法和检视结果	5	检视方法不正确扣2.5分 检视结果错误扣2.5分			

（续）

序号	作业项目	考核内容及要求	配分	评分标准	考核记录	扣分	得分
3	发动机性能的检视	检视方法和检视结果	10	检视方法不正确扣 5 分			
				检视结果错误扣 5 分			
4	检查各气缸的压力	检查方法和检查结果	15	检查方法不正确扣 7.5 分			
				检查结果错误扣 7.5 分			
5	发动机运转试验	试验方法和试验结果	15	试验方法不正确扣 10 分			
				试验结果错误扣 5 分			
6	检查发动机润滑油	检查方法和检查结果	5	检查方法错误扣 2.5 分			
				检查结果错误扣 2.5 分			
7	检视"四漏"情况	检视方法和检视结果	10	检视方法错误扣 5 分			
				检视结果错误扣 5 分			
8	填写发动机大修竣工验收单	填写情况	10	填写错误扣 5 分			
				没有填写扣 5 分			
9	正确使用工具、量具	工具、量具使用正确	10	一种工具、量具使用不正确扣 2 分，扣完为止			
				损坏或丢失一件工具、量具不得分			
10	操作规程	操作规程执行情况	10	违反操作规程不得分			
11	清理现场	清理、擦洗并回收工具和量具	5	少回收一件工具或量具扣 1 分，扣完为止			
12	分数总计		100				

否定项说明：出现重大安全事故按 0 分计

五、鉴定技术标准

1）发动机应装备齐全、有效，装配应符合 GB/T 3799.1—2005 和 GB/T 3799.2—2005 中的有关规定。若有一处以上的缺陷，则为不合格。

2）在环境温度不低于 -5℃ 时，发动机应起动顺利，允许连续起动不多于 3 次，每次起动不多于 5s，否则为不合格。

3）在正常工作温度下，应保证发动机能在 5s 内起动，否则为不合格。

4）在发动机怠速时，进气管真空度应在 57~70kPa 范围内。真空度波动范围，六缸汽油机应不超过 3kPa，四缸汽油机应不超过 5kPa。

5）气缸压缩压力应符合原设计规定。每个气缸的压力与各气缸平均压力之差，汽油机应不超过 5%，柴油机应不超过 8%。

6）发动机怠速运转应稳定，其转速应符合原设计规定，转速波动应不大于 50r/min。

7）发动机在改变转速时应过渡圆滑，突然加速或减速时，不得有突爆声，不得有回火、放炮现象。

8）发动机最大功率不得低于原设计标定值的 90%，最大转矩不得低于原设计标定值的 90%，最低燃料消耗率不得高于原设计要求。

9）按 GB 18285—2005 的规定测量汽油机废气排放情况，应符合该标准的规定；按

GB 3847—2005的规定测量柴油机废气排放情况，应符合该标准的规定。

10）发动机机油压力、油温和冷却液温度应符合原设计规定。

11）发动机润滑油的规格、数量和质量应符合原设计规定。

12）发动机应无漏水、漏油、漏气和漏电现象。

13）发动机应按规定加装限速片，或对限速装置做相应的调整并加铅封。

14）发动机应按规定涂装，涂层应均匀，不得有漏涂现象。

六、操作方法

1）通过外观检视发动机的装备与装配情况。

2）检视发动机的起动性能

① 检视冷车起动时的状况。

② 检视热车起动时的状况。

3）检查进气歧管真空度与真空度波动范围。

4）检测气缸压力和各气缸压力差。

5）发动机运转试验步骤

① 测量发动机怠速转速。

② 检视发动机加速或减速性能。

③ 检视发动机异响。

④ 测量发动机功率和转矩。

⑤ 测量发动机最低燃料消耗率。

⑥ 检测发动机的废气排放情况。

⑦ 检测发动机机油压力。

⑧ 检测发动机的冷却液温度、油温。

6）检视或用润滑油分析仪检查发动机润滑油的质量。

7）检视"四漏"（漏水、漏油、漏气和漏电）情况。

8）检视涂装状况。

9）加装限速装置。

10）填写发动机大修竣工验收单。

第二章 底盘大修

试题 1 四轮定位的检查与调整

一、考核要求

掌握四轮定位的检测步骤及调整方法。

二、考核时间

40min。

三、设备及设施准备

序号	名称	单位	数量	备注
1	汽车	辆	1	—
2	汽车四轮定位仪	套	1	百斯巴特 VAG1995K 四轮定位仪
3	常用工具、量具	套	1	—
4	秒表	块	1	用于计时

四、配分及评分标准

序号	作业项目	考核内容及要求	配分	评分标准	考核记录	扣分	得分
1	正确选用工具、量具	选用的工具、量具齐全并准确	5	缺一件扣1分,选错一件扣1分,扣完为止			
2	检查	检查汽车及轮胎气压	20	检查方法不正确酌情扣分			
3	安装	安装定位仪	20	安装方法不正确酌情扣分			
4	测量	按正确的操作方法进行测量	30	测量方法一处不正确扣6分			
5	正确使用工具、量具	工具、量具使用正确	10	一种工具、量具使用不正确扣2分,扣完为止			
				损坏或丢失一件工具、量具不得分			
6	操作规程	操作规程执行情况	10	违反操作规程不得分			
7	清理现场	清理、擦洗并回收工具和量具	5	少回收一件工具或量具扣1分,扣完为止			
8	分数总计		100				

否定项说明:出现重大安全事故按 0 分计

五、基本操作步骤

基本操作步骤描述:检查→安装→测量。

1 检查轮胎气压。调整四个轮胎的气压,使左右轮胎的气压保持一致,否则会影响定位的准确性

2 晃动车辆,使悬架系统正确回位

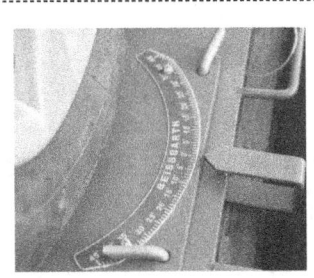

3 在车辆行驶时,应保证转角盘和后滑板的销子都安装到位;只有在车辆在后滑板和转角盘上停好之后,才可拔下销子

4 安装通用快速夹具。将车轮装饰盖卸下,依照轮胎所标记的尺寸调节两个较低位置的卡爪,并将其卡在轮圈边缘,然后移动顶部的卡爪到轮圈边缘并用星形手柄锁紧,将可调整的夹紧臂放在轮胎上,用力向车轮方向压下两侧夹紧用的杠杆,最后把夹紧臂移到胎纹中,在松开夹紧臂之前应确保夹紧臂两端都已调整好

5 安装传感器。把四个传感器安装到夹具上。前轴车轮上的传感器小端应指向车头前进方向,后轴车轮上的传感器小端应指向与前轴传感器相反的方向

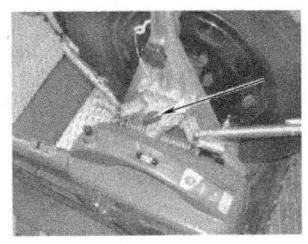

6 调整四个感应器的水平仪,让气泡在正中间,保持水平,并拧紧夹具上的紧固螺钉(右图中箭头所示)

7 连接通信电缆

①两根长通信电缆(长度为6.5m)用于将两个前部传感器(1、2号传感器)连接到定位仪主机(见图1)

图1

②稍短些的两根通信电缆(长度为4.5m)用于连接前、后传感器(见图2)

图2

③检查四个传感器连线是否连接牢靠,然后连接220V电源到定位仪。分别按下四个传感器上的〈R〉键,以激活传感器(见图3)

图3

8 登录计算机

①给定位仪接通220V电源,打开计算机开关,Windows XP操作系统将自动启动(见图4)

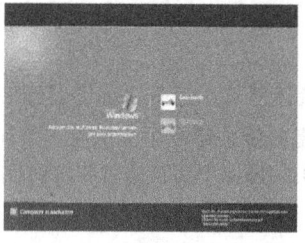

图4

②用鼠标单击"Beissbarth"图标,系统自动引导进入定位程序初始状态(见图5)

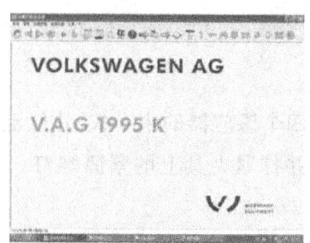

图5

9 单击工具栏中指向右侧的绿色"前进"图标,进入客户选择界面,根据提示填写客户信息
  说明:黄颜色条目为必填项目,其余项目可根据需要填写

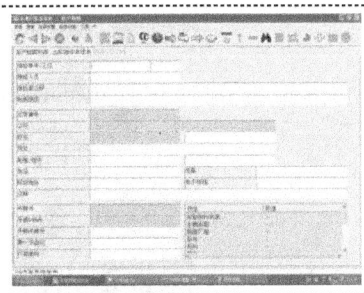

10 单击"前进"图标,进入车型选择画面、车辆状况画面和准备工作画面

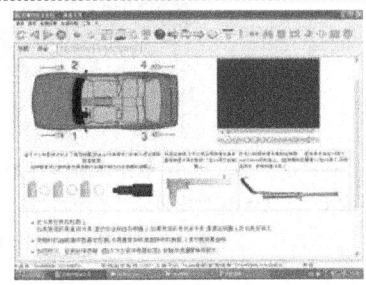

11 单击"前进"图标,进入偏位补偿画面。在下列情况下,为了保证测量的准确度,必须做钢圈偏位补偿操作
  ①钢圈有较明显的失圆现象
  ②夹具的卡爪存在磨损状况
  ③特殊钢圈需要配合使用卡爪套管才能装夹具
  ④需要保证足够高的测量精度

12 调整前的检测。在开始调整之前,应安装好制动锁,以保证准确测量后倾角和主销内倾角

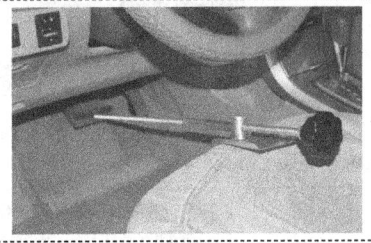

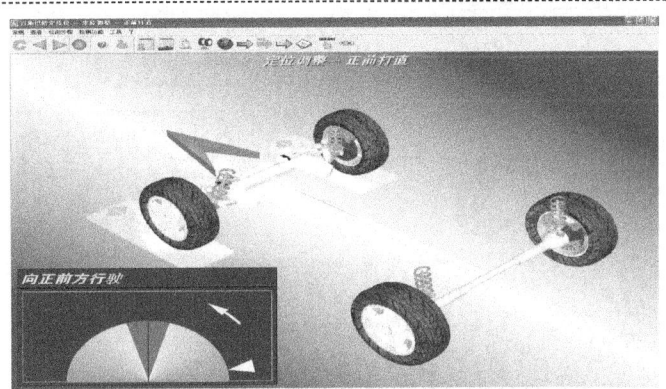

13 正前打直。转动转向盘,使白色箭头对到半圆形区中央黑线处。应尽可能把方向对准中央黑线位置,以得到更高的测量精度

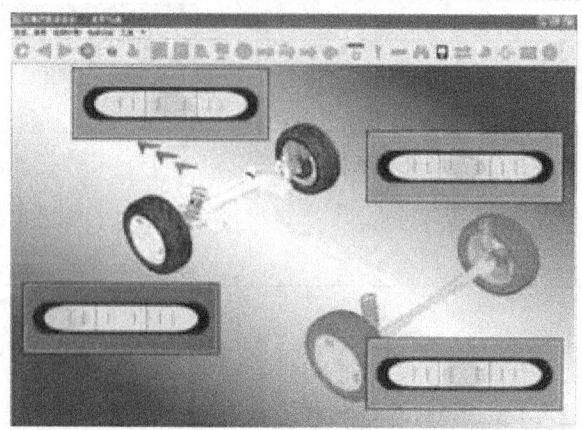

14 在正前打直方向之后,屏幕会提醒操作员安装制动锁,然后程序就会检查传感器是否处于水平状态。如果传感器不水平,屏幕上就会出现水平气泡状态的提示画面。此时应根据提示调整相应传感器到水平状态

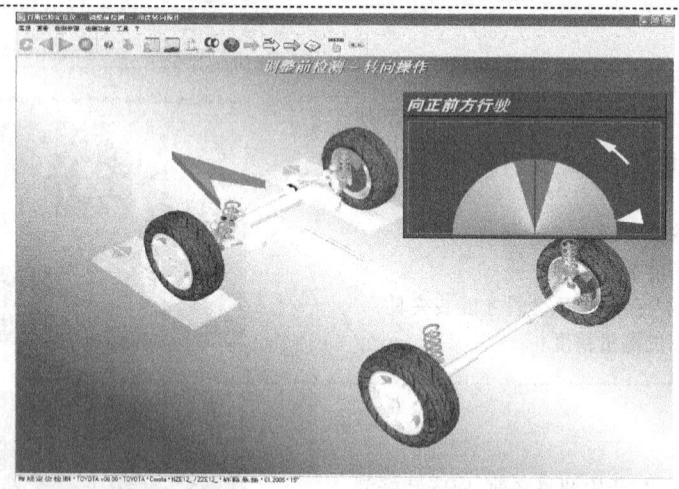

15 转向操作。转动转向盘,使白色箭头对到半圆形区中央黑线处。应尽可能把方向对准中央黑线位置,以得到更高的测量精度

16 在将转向盘向左、向右打完之后,检测仪屏幕上会自动弹出上图所示内容。其中,红色区域表示前轮调整前的前束值;若屏幕显示红色,则表示不符合规定;正常白色的小三角应该在绿色区域的中央黑线位置

17 定位调整。定位调整的第一步是使车辆处于正前打直方向,然后检查转向盘是否处于水平状态。如果转向盘完全水平,则安装转向盘锁和制动锁

18 举升车辆到定位调整的高度,进行后轴车轮定位数据的检测。如果后轴车轮定位数据不合格,需要调整,并且该定位数据可调整的话,则可在上图所示画面下调整后轮的外倾角和前束

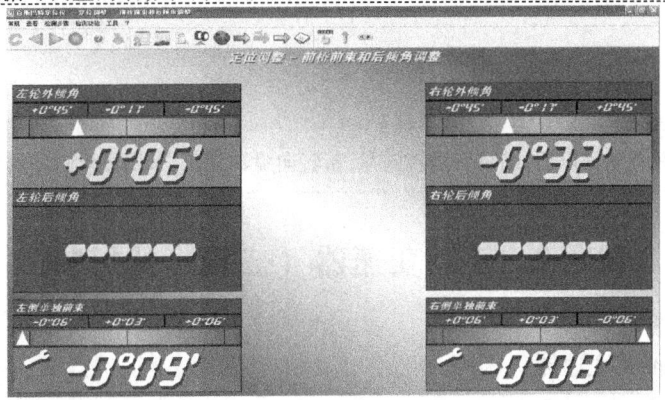

19 进入前轴车轮的后倾角调整

20 进入前轴检测数据的调整

21 调整前束。当左、右侧前束均不在规定范围之内时，应进行前束的调整。具体方法是：松开左、右侧车轮转向横拉杆锁紧螺母，转动横拉杆调整臂，调整前束

说明：在调整前轮外倾角和前束时，应先调整外倾角，因为外倾角的变动会带动前束值的变动

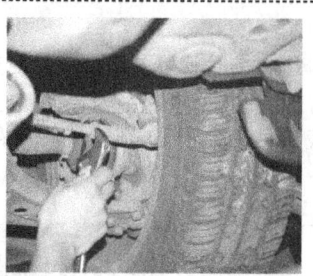

22 正前方行驶。在调整完以后，继续转动转向盘，若转向盘转动正常，则可以打印调整报告单

试题2 手动变速器（二轴）的拆装

一、考核要求

能正确拆装二轴式变速器。

二、考核时间

30min。

三、设备及设施准备

序号	名 称	单位	数量	备 注
1	手动变速器（台架）	台	1	夏利轿车二轴式变速器
2	常用工具、量具	套	1	—
3	秒表	块	1	用于计时

四、配分与评分标准

序号	作业项目	考核内容及要求	配分	评分标准	考核记录	扣分	得分
1	正确选用工具、量具	选用的工具、量具齐全并准确	5	缺一件扣1分，选错一件扣1分，扣完为止			

(续)

序号	作业项目	考核内容及要求	配分	评分标准	考核记录	扣分	得分
2	准备	拆装前的准备	5	准备不充分,每次扣2.5分,扣完为止			
				准备失误扣5分			
3	拆卸	拆卸变速器	30	每出现一处操作错误扣2分			
4	安装	安装变速器	30	每出现一处操作错误扣2分			
5	正确使用工具、量具	工具、量具使用正确	10	一种工具、量具使用不正确扣2分,扣完为止			
				损坏或丢失一件工具、量具不得分			
6	操作规程	操作规程执行情况	15	违反操作规程不得分			
7	清理现场	清理、擦洗并回收工具和量具	5	少回收一件工具或量具扣1分,扣完为止			
8		分数总计	100				

否定项说明:出现重大安全事故按0分计

五、基本操作步骤

操作步骤描述:分解→安装。

1 拆下车速里程表轴套筒紧固螺栓

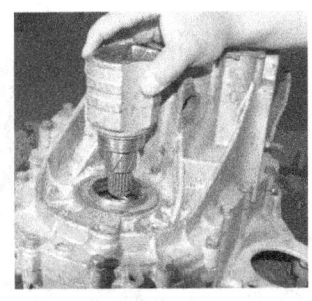

2 用专用工具取出变速器内球笼

3 拆下变速器自锁装置盖板

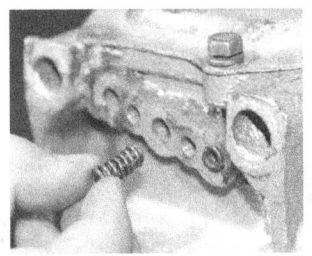

4 取出弹簧及钢球

5 拧松倒挡开关

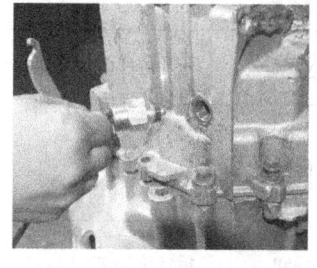

6 取出倒挡开关

7 拆下变速器上盖板紧固螺栓

8 取下变速器上盖板

9 用专用工具固定输入轴并拆下输入、输出轴螺栓

10 拆下输出轴卡簧

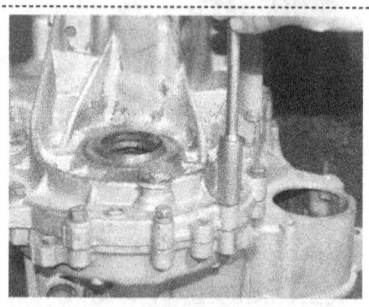

11 拆下变速器壳体的紧固螺栓,取下壳体

12 取出倒挡轴及倒挡惰轮

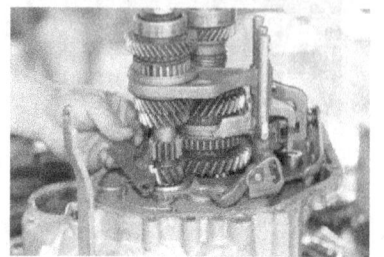

13 取下输入轴固定盖板

14 拆下变速器互锁装置盖板

15 用专用工具取出换挡轴及拨叉

16 用专用顶拔器取出输入及输出轴轴承,然后取下输入及输出轴

17 取出变速器互锁片

18 取下输入轴四挡齿轮及轴套

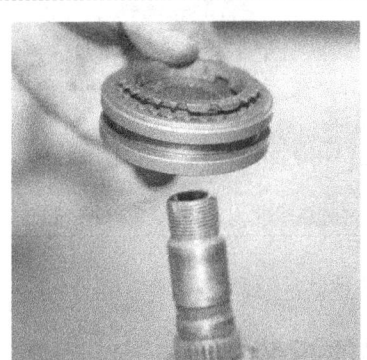
19 取下三挡和四挡的同步器

20 取下输入轴三挡齿轮

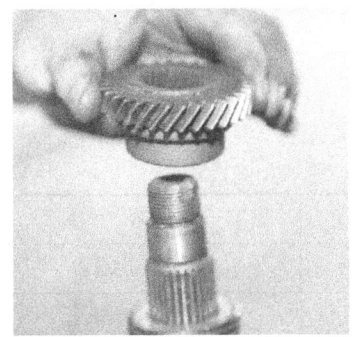
21 取下输出轴四挡齿轮

22 取下输出轴车速里程表齿轮

 23 取下输出轴三挡齿轮	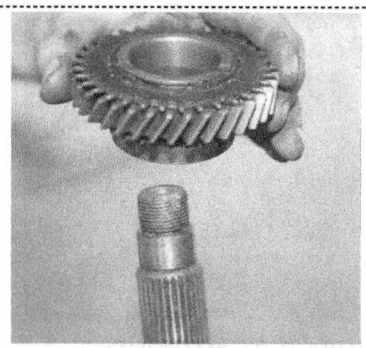 24 取下输出轴二挡齿轮
 25 取下输出轴一挡齿轮	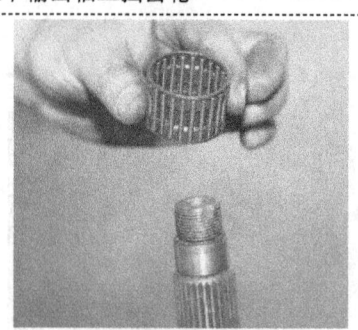 26 取下输出轴一挡齿轮滚针轴承
27 用专用顶拔器拆下差速器总成	

安装变速器的步骤与拆卸的步骤相反,在此不再赘述。

试题3　自动变速器的拆装

一、考核要求

能正确拆装自动变速器。

二、考核时间

40min。

三、设备及设施准备

序号	名　　称	单位	数量	备　　注
1	自动变速器(台架)	台	1	A341E
2	常用工具、量具	套	1	—
3	秒表	块	1	用于计时

四、配分与评分标准

序号	作业项目	考核内容及要求	配分	评分标准	考核记录	扣分	得分
1	正确选用工具、量具	选用的工具、量具齐全并准确	5	缺一件扣1分,选错一件扣1分,扣完为止			
2	准备	拆装前的准备	5	准备不充分,每次扣2.5分,扣完为止			
				准备失误扣5分			
3	拆卸	拆卸变速器	30	每出现一处操作错误扣2分			
4	安装	安装变速器	30	每出现一处操作错误扣2分			
5	正确使用工具、量具	工具、量具使用正确	10	一种工具、量具使用不正确扣2分,扣完为止			
				损坏或丢失一件工具、量具不得分			
6	操作规程	操作规程执行情况	15	违反操作规程不得分			
7	清理现场	清理、擦洗并回收工具和量具	5	少回收一件工具或量具扣1分,扣完为止			
8		分数总计	100				

否定项说明:出现重大安全事故按0分计

五、基本操作步骤

操作步骤描述:分解→安装。

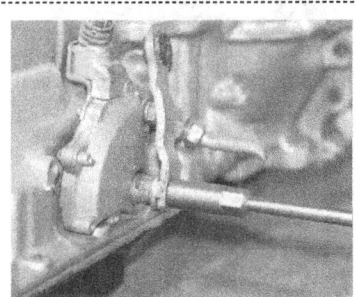

1 拆卸控制轴杠杆紧固螺钉

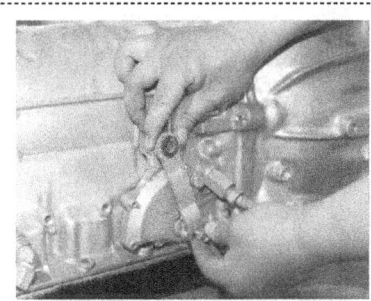

2 取下控制轴杠杆

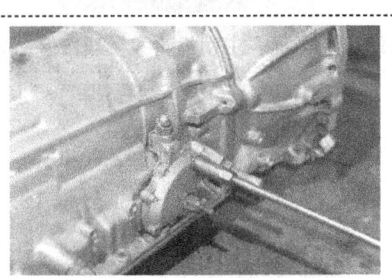

3 拆卸空挡起动开关锁紧螺钉

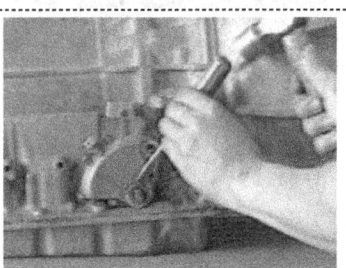

4 拆卸锁紧垫圈

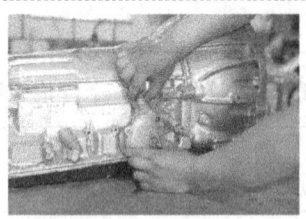 5 取下空挡起动开关	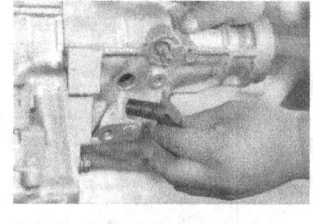 6 拆卸速度传感器及其密封圈
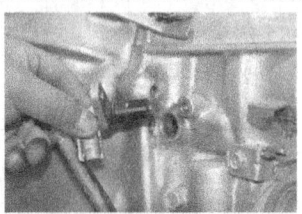 7 拆卸超速挡直接离合器速度传感器	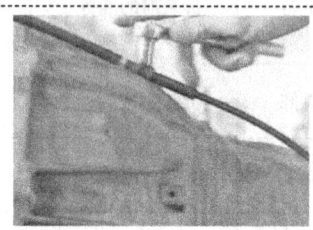 8 拆卸节气门拉索夹子
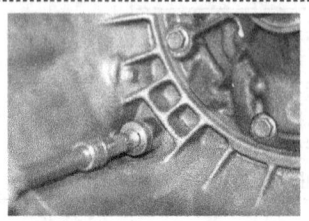 9 拆卸前壳体紧固螺钉	 10 取下前壳体
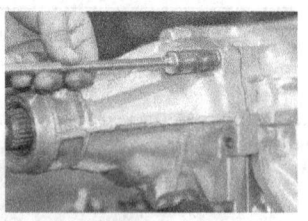 11 拆卸后壳体紧固螺钉	 12 使用铜棒或锤子敲击后壳体
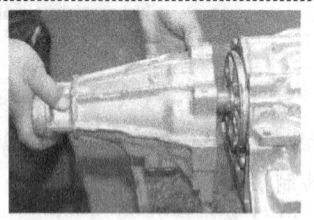 13 取下后壳体	 14 拆卸车速里程表主动齿轮和转速传感器转子
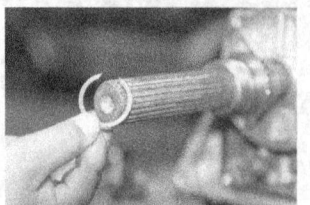 15 取下卡环	 16 取下车速里程表主动齿轮

17 取下钢球

18 取下转速传感器转子

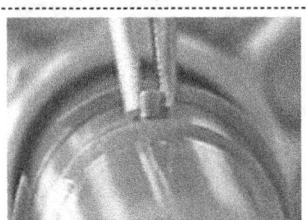

19 取下半圆键

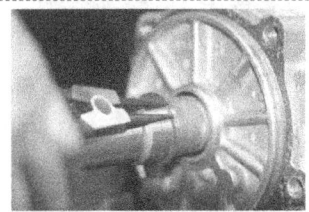

20 拆卸卡环

21 拆卸油底壳紧固螺钉

22 取下油底壳

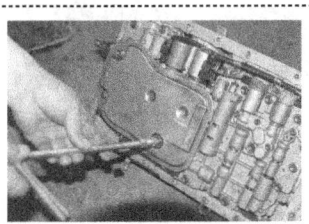

23 拆卸滤清器

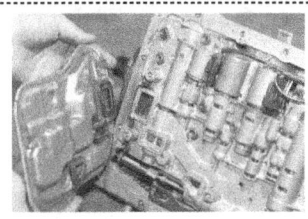

24 取下滤清器

25 拆卸电磁阀导线夹子

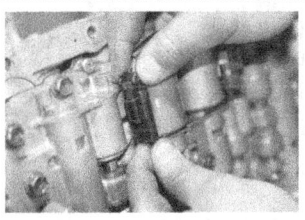

26 拆开电磁阀的插头

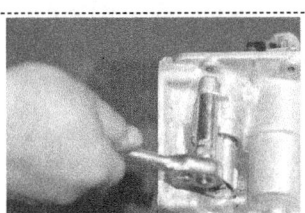

27 拆卸接线端子止动板

28 取下电磁阀导线及O形密封圈

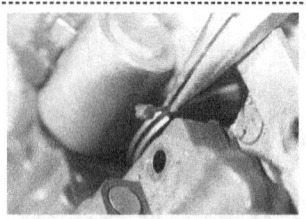
29 从凸轮上拆下节气门拉索

30 从壳体上取下节气门拉索及O形密封圈

31 拆卸阀体的紧固螺钉

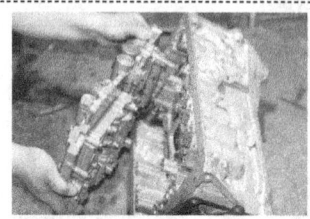
32 拆下阀体

33 拆下单向阀

34 拆卸蓄压缓冲器(B0,C2,B2)的活塞及复位弹簧

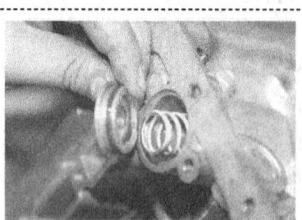
35 取下C0蓄压缓冲器的盖子、复位弹簧及活塞

36 拆卸停车锁止杆支架的紧固螺钉

37 取下停车锁止杆支架

38 取下停车锁止杆

39 取下弹簧

40 拉出停车棘爪轴

41 拆下停车棘爪

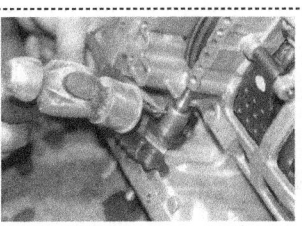
42 拆卸控制轴,敲锁套,取消其锁止状态

43 拉出手动阀摆杆轴

44 取下手动阀摆杆轴

45 拆卸油泵的紧固螺钉

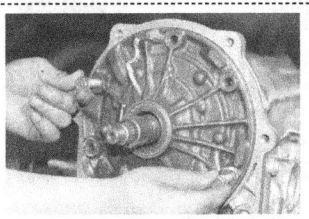
46 用顶丝拆卸油泵

47 取下油泵

48 拆下超速传动行星齿轮排

49 拆卸超速传动制动器

50 取下卡环

51 取下超速传动制动器钢片摩擦片组件

52 拆卸超速传动支座的两个紧固螺钉

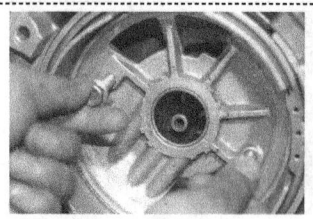

53 取下超速传动支座总成

54 拆卸制动器 B1，取下卡环

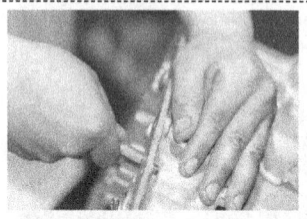

55 从进油孔处加压缩空气

56 取出制动器 B1 的盖、活塞总成及复位弹簧

57 拆下离合器 C1、C2 总成

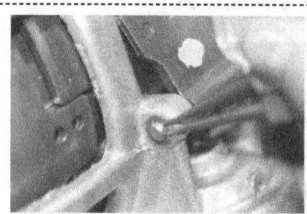

58 拆卸制动带销上的 E 形卡环

59 取出销子

60 从壳体内取出制动带

61 从壳体内取出前行星齿轮排齿圈

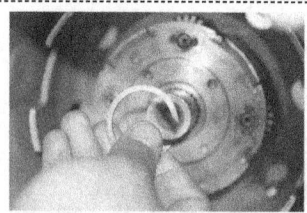

62 用卡簧钳从输出轴上拆下卡环

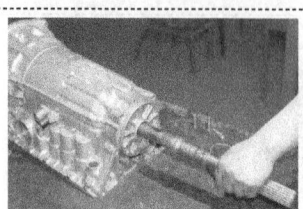

63 从壳体内取出输出轴

64 拆下前行星齿轮排行星齿轮

65 拆下太阳轮组和单行离合器 F1

66 取出止推垫

67 拆下制动器 B2 上的卡环

68 取出制动器 B2 的钢片摩擦片组件

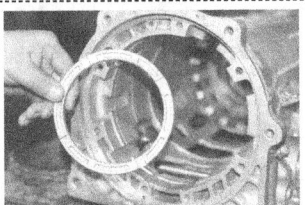
69 取出活塞传动套

70 拆卸卡环

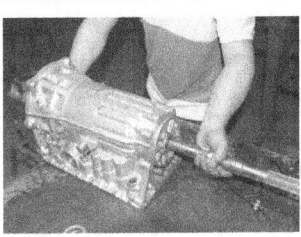
71 重新插入输出轴

72 从壳体内取出制动器 B2、B3 和后行星齿轮排总成

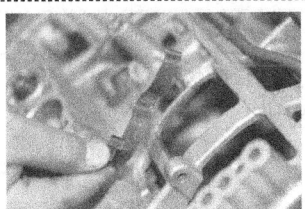
73 从壳体上拆下片簧

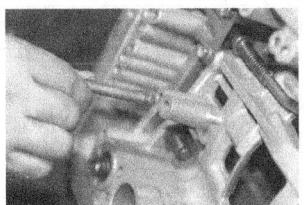
74 拆下制动器 B2 的进油管及油封

75 更换所有密封圈,清洗零部件

自动变速器的安装步骤与拆卸步骤相反,在此不再赘述。

试题4　自动变速驱动桥的拆装与检查

一、考核要求
1) 能正确拆装自动变速驱动桥。
2) 能正确检查自动变速驱动桥。

二、考核时间
60min。

三、设备及设施准备

序号	名　　称	单位	数量	备　注
1	自动变速驱动桥	台	1	—
2	常用工具、量具	套	1	—
3	塞尺	把	1	—
4	卡簧钳	套	1	—
5	ATF油		若干	
6	气泵	台	1	
7	清洗液、抹布		若干	
8	秒表	块	1	用于计时

四、配分与评分标准

序号	作业项目	考核内容及要求	配分	评分标准	考核记录	扣分	得分
1	正确选用工具、量具	选用的工具、量具齐全并准确	5	缺一件扣1分,选错一件扣1分,扣完为止			
2	拆卸	采取正确的方法拆卸	30	拆卸方法一处不正确扣5分			
3	检查	运用正确的方法检查	20	检查方法一处错误扣5分			
4	装配	运用正确的方法装配	30	装配方法错误一处扣5分			
5	正确使用工具、量具	工具、量具使用正确	5	一种工具、量具使用不正确扣1分,扣完为止			
				损坏或丢失一件工具、量具不得分			
6	操作规程	操作规程执行情况	5	违反操作规程不得分			
7	清理现场	清理、擦洗并回收工具和量具	5	少回收一件工具或量具扣1分,扣完为止,未回收不得分			
8	分数总计		100				

否定项说明:出现重大事故按0分计

五、基本操作步骤
操作步骤描述:拆解→安装。

1. 自动变速驱动桥的拆解

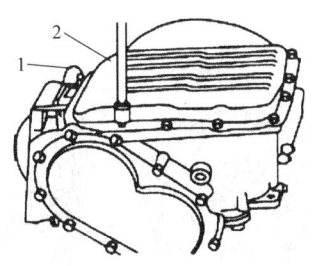

▲拆卸14个油底壳螺栓

1—油底壳螺栓　2—变速驱动桥螺栓

1 将清洗过的自动变速驱动桥放置在工作台或支架上,在变速驱动桥的下面放一个油盆,然后拆下14个油底壳螺栓,取下油底壳,并将其与油底壳螺栓一起放在工作台上,以便清洗

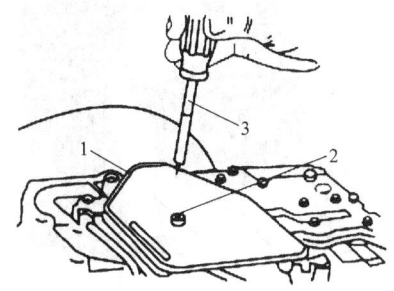

▲用专用螺钉旋具将油液滤清器拆下

1—油液滤清器　2—油液滤清器螺钉
3—专用螺钉旋具

2 先拆下阀体油液滤清器螺钉再拆下油液滤清器总成并将其丢入废件箱内

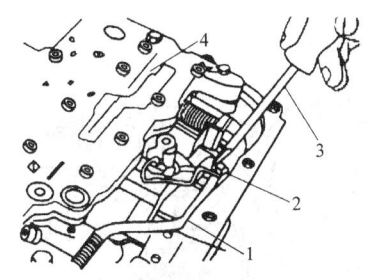

▲拆下停车杆

1—停车杆　2—E形夹　3—螺钉旋具　4—阀体

3 从变速驱动桥壳体上拆下停车杆

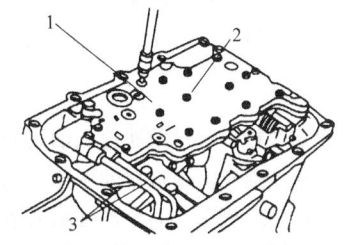

▲拆下阀体紧固螺钉

1—阀体　2—阀体紧固螺钉　3—速度调压阀油管

4 用快速套筒扳手拆下将阀体固定在变速驱动壳体上的7个内六角圆柱头螺钉

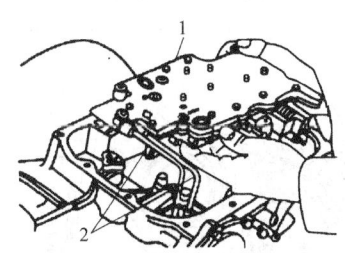

▲拆下阀体

1—阀体总成　2—速度调压阀油管

5 用螺钉旋具小心地将速度调压阀油管向上撬,使其和变速驱动桥壳体松开,并小心地抬起整个阀体,使其离开变速驱动桥壳体。要特别注意,不要弄弯或扭曲油管。在拆下阀体后,要将其放置在妥善的地方,以免损坏

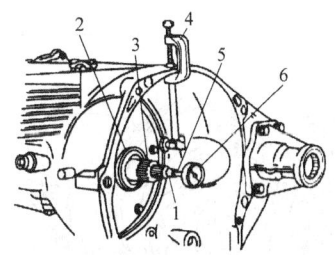

▲用百分表检查蜗轮(输入)轴的端隙

1—蜗轮轴　2—油泵油封　3—反作用轴
4—百分表架　5—测量时放入的钢球
6—百分表

6 用百分表检查蜗轮(输入)轴的端隙(轴向间隙)。查阅维修手册,看蜗轮轴的端隙是否符合要求。若蜗轮轴的端隙不在规定的范围内,则应调整蜗轮轴和输出轴之间的3号止推垫圈

▲拧紧前降挡制动器调整螺钉
1—带式制动器调整螺钉
2—前降挡制动器调整螺钉和锁紧螺母

7 松开前降挡制动器调整螺钉的锁紧螺母,并拧紧前降挡制动器调整螺钉。这时,前降挡制动器会将内部的零件夹紧,以便拆卸变速驱动桥油泵

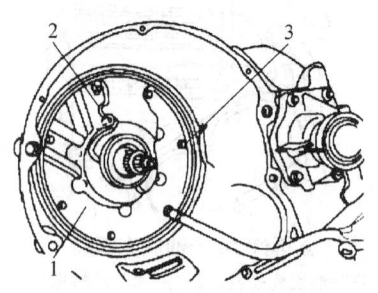

▲拆下油泵的紧固螺栓
1—油泵壳体 2—油泵油封 3—油泵紧固螺栓

8 拆下油泵的7个紧固螺栓

9 将2个螺纹接头成对角地拧入油泵的螺纹孔中,再将2个称为惯性锤顶拨器的专用工具拧入螺纹接头的螺纹孔中,依靠这2个惯性锤的撞击将油泵和垫片从变速驱动桥壳体中拆下,拆下的油泵垫片不能再用。注意,油泵背面上有1号止推垫圈

说明:在拆卸油泵时,一定要用专用工具,以免在拆卸时损坏油泵壳体上的环岸表面,进而避免在装配油泵后出现不可解决的漏油问题

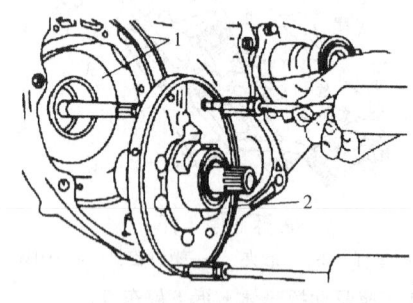

▲拆下油泵和垫片
1—前离合器 2—油泵总成

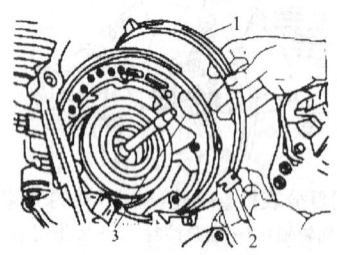

▲拆下前降挡制动带和支座
1—前降挡制动带 2—支座
3—回油和给差速器供油的孔

10 松开前降挡制动器调整螺钉并拆下前降挡制动带和支座

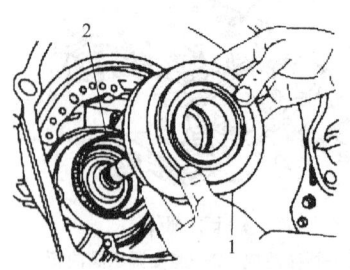

▲取出前离合器总成
1—前离合器总成 2—后离合器总成

11 用手将变速驱动桥壳体内的前离合器总成取出

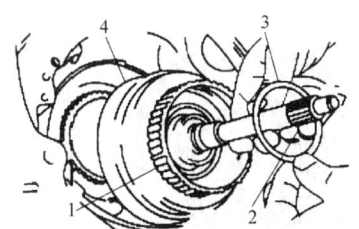

▲拆下蜗轮轴和后离合器总成
1—前离合器毂 2—蜗轮轴
3—2号止推垫圈 4—后离合器总成

12 拆下蜗轮(输入)轴和后离合器总成。2号止推垫圈就在后离合器前面的凹槽内

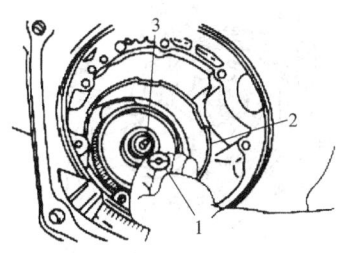

▲3号止推垫圈在变速驱动桥输出轴的前端
1—3号止推垫圈 2—太阳轮驱动壳 3—输出轴

13 3号止推垫圈在变速驱动桥输出前面的端头上。这种止推垫圈有不同的规格可供选用

14 拆下将前行星齿圈保持在变速驱动桥输出轴上的弹性卡环

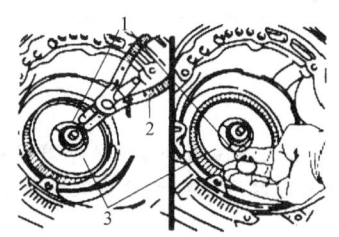

▲拆下弹性卡环
1—前行星齿轮组的弹性卡环 2—弹性卡环拆装钳 3—前行星齿轮组总成

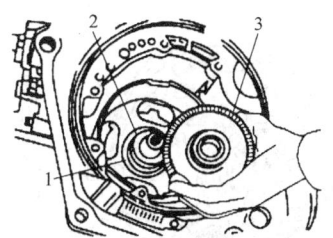

▲拆下前行星齿轮组
1—6号止推垫圈 2—太阳轮 3—前行星齿轮总成

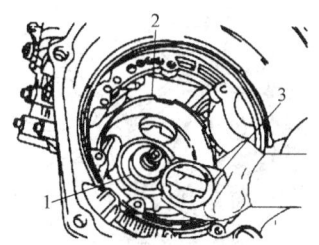

▲拆下6号止推垫圈
1—太阳轮 2—太阳轮驱动壳 3—6号止推垫圈

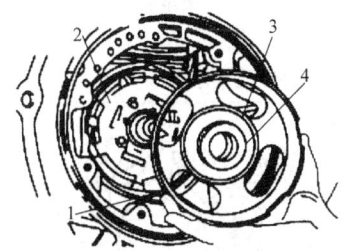

▲拆下太阳轮驱动壳
1—太阳轮驱动壳 2—后行星齿轮架
3—7号止推垫圈 4—太阳轮

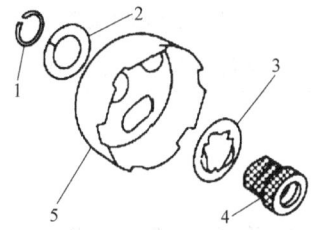

▲驱动轮和太阳轮总成的分解
1—弹性锁环 2—8号止推垫圈 3—7号止推垫圈
4—公用太阳轮 5—太阳轮驱动壳

15 拆下前行星齿轮组、6号止推垫圈和太阳轮驱动壳

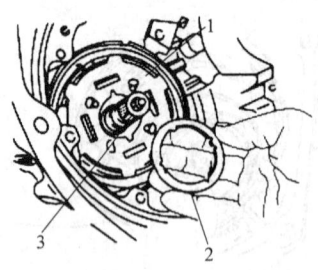

▲将9号止推垫圈和后行星齿轮架一起拆下
1—后行星齿轮总成 2—9号止推垫圈 3—输出轴

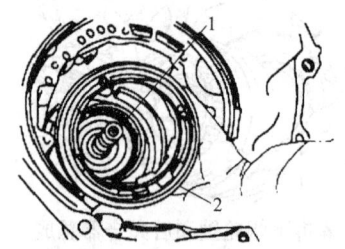

▲拆下单向离合器的凸轮总成
1—输出轴 2—单向离合器的凸轮总成

16 从变速驱动桥壳体内取出后行星齿轮总成和10号止推垫圈。注意：在后行星齿轮架的前端装有9号止推垫圈

17 从低挡和倒挡后带式制动器内拆下单向离合器的凸轮环

说明：不要丢失单向离合器的8个滚柱和弹簧。当拆下单向离合器凸轮环时，这些滚柱和弹簧将会散开

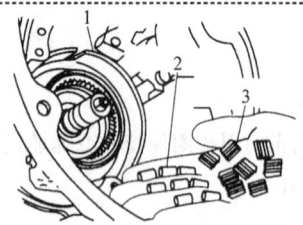

▲单向离合器的8个滚柱和弹簧
1—低挡和倒挡后制动带 2—单向离合器滚柱
3—单向离合器弹簧

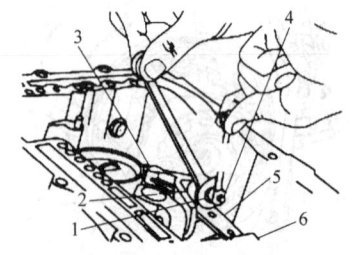

▲松开低挡和倒挡后带式制动器的调整螺钉
1—低挡和倒挡后制动器杠杆 2—杠杆
3—锁紧螺母 4—调整螺钉 5—支承块
6—低挡和倒挡制动带

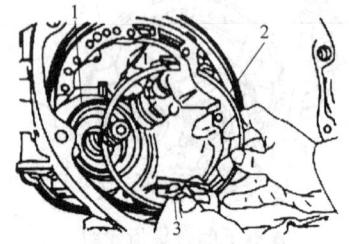

▲拆下低挡和倒挡制动带和支承块
1—11号止推垫圈 2—低挡和倒挡制动带
3—支承块

18 松开低挡和倒挡后带式制动器的调整螺钉，拆下低挡和倒挡制动带及支承块

19 小心地从变速驱动桥壳体内取出11号大止推垫圈

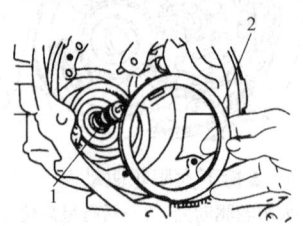

▲取出11号大止推垫圈
1—输出轴 2—11号大止推垫圈

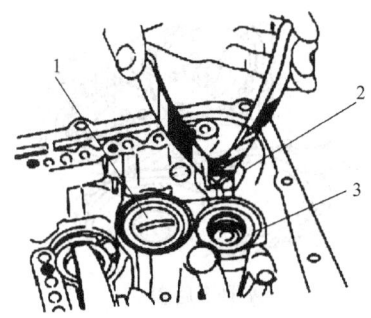

▲拆下弹性卡环
1—蓄能器盘　2—弹性卡环拆装钳
3—低挡和倒挡伺服弹簧座

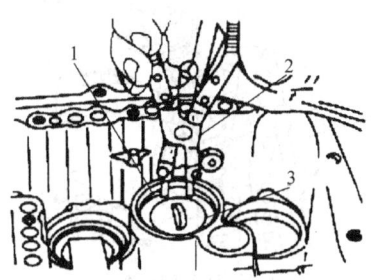

▲拆下蓄能器盘弹性卡环
1—蓄能器盘弹性卡环　2—弹性卡环拆装钳
3—蓄能器盘

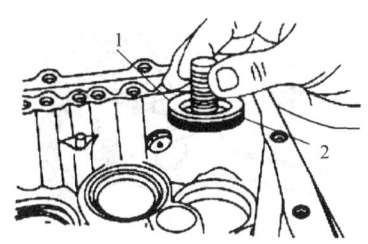

▲拆下低挡和倒挡伺服活塞总成
1—低挡和倒挡伺服活塞总成　2—唇形油封

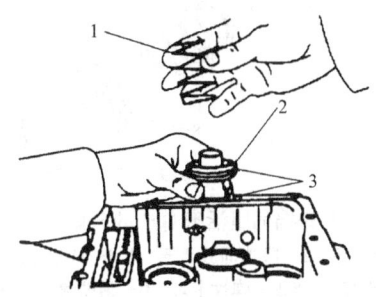

▲拆下蓄能器弹簧和活塞
1—蓄能器弹簧　2—蓄能器活塞　3—密封环

20 在低挡和倒挡后制动器的作用杆端部是低挡和倒挡伺服液压缸。用弹性卡环拆装钳将伺服液压缸口处的弹性卡环拆下,从伺服液压缸中取出低挡和倒挡伺服活塞总成、螺旋弹簧和弹簧座

21 压下蓄能器盘,同时拆下蓄能器盘弹性卡环和蓄能器盘,然后拆下蓄能器弹簧和活塞

22 压下降挡伺服液压缸活塞杆导向盘,同时用弹性卡环拆装钳拆下导向盘弹性卡环

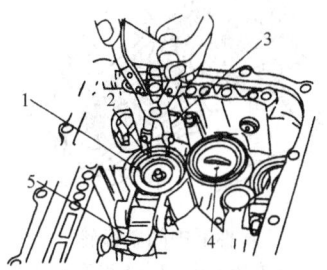

▲拆下导向盘弹性卡环
1—降挡伺服活塞导向盘　2—弹性卡环
3—弹性卡环拆装钳　4—蓄能器盘
5—降挡制动器作用杆

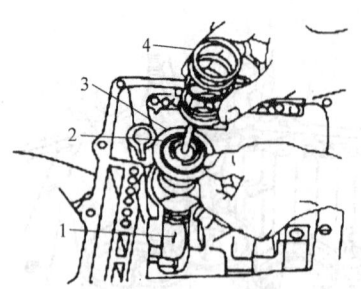

▲拆下伺服活塞总成

1—杠杆 2—活塞杆 3—伺服活塞
4—复位弹簧

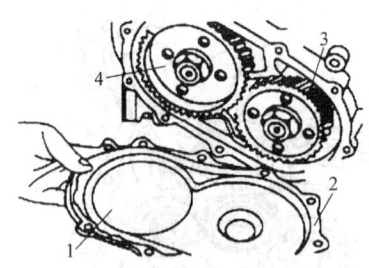

▲取下后盖

1—后盖 2—室温硫化密封胶层
3—输出轴齿轮 4—中间轴齿轮

24 拆下变速驱动桥后盖紧固螺栓,取下后盖

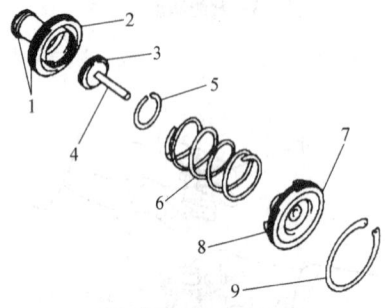

▲降挡伺服活塞总成的分解

1—密封环 2—降挡伺服活塞 3、8—O形密封环
4—活塞杆 5、9—弹性卡环 6—活塞复位弹簧
7—活塞杆导向盘

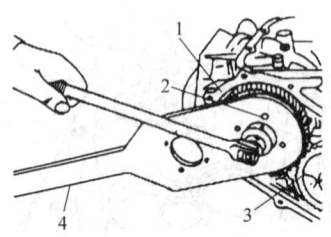

▲拆下中间轴紧固螺栓和垫圈

1—中间轴齿轮 2—紧固螺栓
3—输出轴齿轮 4—专用紧固工具

23 拆下降挡伺服液压缸的活塞杆导向盘、复位弹簧和伺服活塞

25 用专用的紧固工具将螺栓紧固在中间轴齿轮上,再用一把挠性套筒扳手将中间轴紧固螺栓和垫圈拆下

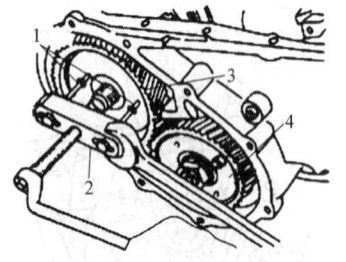

▲拆下中间轴齿轮

1—专用工具 2—专用顶拔器
3—中间轴齿轮 4—输出轴齿轮

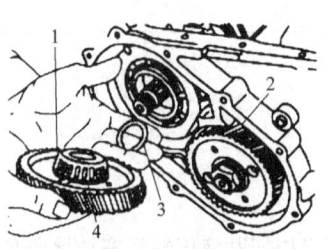

▲拆下调整垫圈

1—中间轴齿轮 2—输出轴齿轮
3—调整垫圈 4—圆锥滚子轴承

26 用中间轴齿轮顶拔器拆下中间轴齿轮和调整垫圈

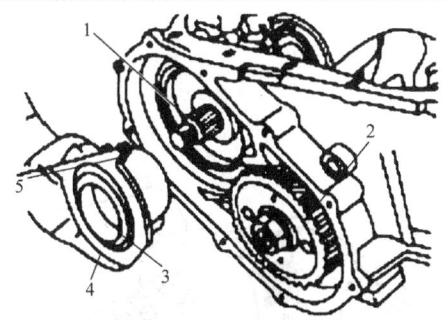

▲拆下速度调压阀支承座
1—中间轴 2—输出轴齿轮 3—轴承盖
4—速度调压阀支承座 5—速度调
压阀油管安装孔

27 从壳体和中间轴上小心地拆下速度调压阀支承座

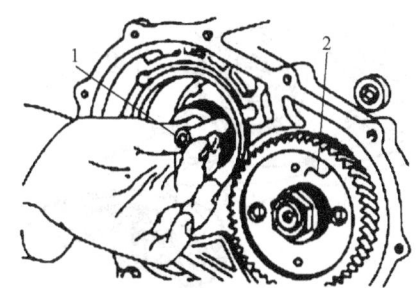

▲拆下低挡和倒挡制动器的支承块销子
1—低挡和倒挡制动器的支承块销子
2—输出轴齿轮

28 因为低挡和倒挡制动器的支承块销子可能丢失,所以应先拆下低挡和倒挡制动器并将其和变速器驱动桥的零件放在一起

29 拆下停车爪枢轴、停车爪和停车爪复位弹簧,并将这些零件放在一旁,妥善保管

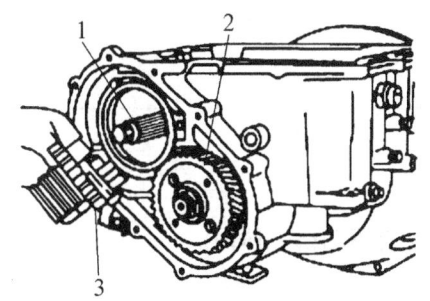

▲拆下速度调压阀总成
1—中间轴 2—输出轴齿轮 3—速度调压阀总成

30 从壳体内取出速度调压阀总成。注意:不要让阀门掉出来或丢失

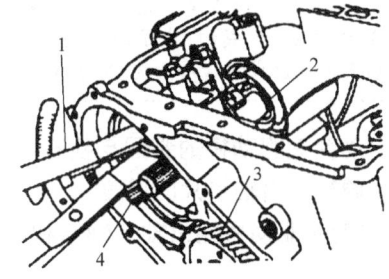

▲拆下中间轴轴承弹性卡环
1—弹性卡环拆装钳 2—弹性卡环
3—输出轴齿轮 4—中间轴

31 用一个大弹性卡环拆装钳将中间轴轴承弹性卡环拆下

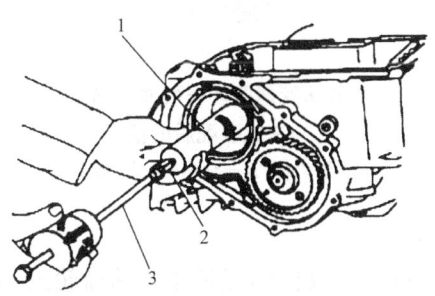

▲拆卸中间轴总成
1—专用工具 2—接头 3—惯性锤顶拔器

32 用惯性锤顶拔器和专用的螺纹接头将中间轴从变速驱动桥壳体内拆下,也应将中间轴轴承座和中间轴一起拆下

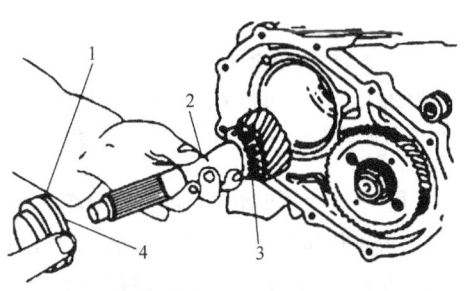

▲取下中间轴总成
1—O形密封环 2—中间轴 3—圆锥滚子轴承 4—中间轴轴承座

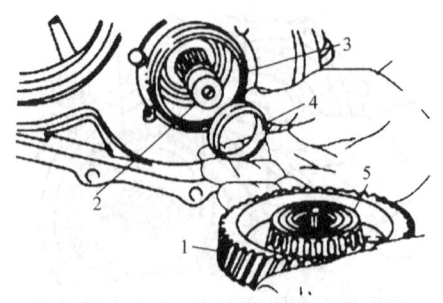

▲拆下输出轴齿轮
1—输出轴齿轮 2—输出轴 3—轴承盖
4—圆锥滚子轴承 5—调整垫片

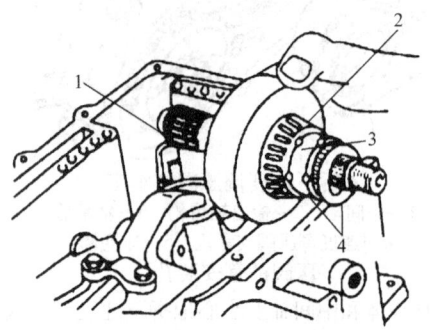

▲拆下输出轴总成
1—输出轴总成 2—圆锥滚子轴承
3—润滑孔 4—输出轴调整垫片

33 可用与拆卸中间轴同样的工具和拆卸顺序拆下输出轴

说明：在变速驱动桥解体后，需将所有的零件和总成彻底清洗干净。清洗工作可在清洗机中进行，也可在清洗槽中手工清洗。清洗剂可选用矿化酒精。

自动变速驱动桥是由很多小总成（如油泵、离合器、伺服制动器等）组成的，为了防止将零件搞混乱，应该将不同的总成按次序清洗、检验和修复

2. 自动变速驱动桥的装配与检查

（1）调整输出轴垫片的厚度

1）将变速驱动桥输出轴、轴承和调整垫片装入变速驱动桥壳体内。

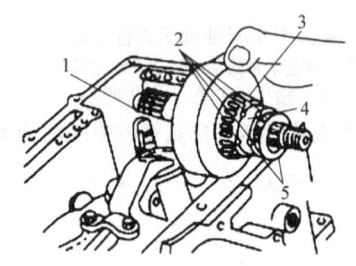

▲装配输出轴和调整垫片
1—输出轴总成 2—用润滑脂将调整垫片粘到位
3—圆锥滚子轴承 4—润滑孔 5—调整垫片

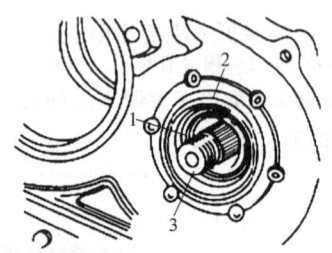

▲从变速驱动桥后面看输出轴
总成装配后的情况
1—调整垫片 2—轴承盖 3—输出轴总成

2）用一个专用螺母将输出轴齿轮和轴承压到位。

3）使输出轴和齿轮总成保持不动（用2个螺钉将一根扳杆固定到输出轴齿轮上），安装输出轴垫圈和螺母，并将螺母按规定的力矩拧紧，然后将扳杆从输出轴齿轮上拆下

4）将百分表支架安装在变速驱动桥壳体上，使百分表表头对准输出轴中心孔上粘着的钢球，然后用专用工具推、拉，同时转动输出轴，使输出轴轴承安装到位

5）在推、拉输出轴时，查看百分表的读数，然后根据百分表的读数和维修手册的规定选取调整垫片的厚度。

第二章 底盘大修

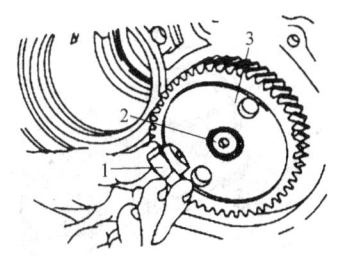

▲用专用螺母将输出轴齿轮压到位

1—专用螺母 2—输出轴 3—输出轴齿轮

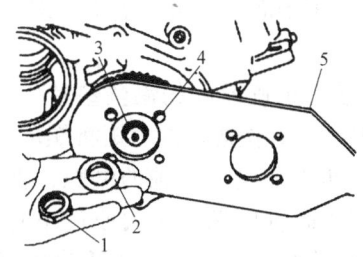

▲将扳杆用2个螺钉固定到输出轴齿轮上，并拧紧螺母

1—螺母 2—垫圈 3—输出轴 4—螺钉 5—专用扳杆

6）拆下输出轴螺母、垫圈和齿轮。

7）安装新的调整垫片、输出轴齿轮、垫圈和螺母。并用扭力扳手和固定输出轴不动的扳杆将螺母按规定的力矩拧紧。

8）用指示式扭力扳手转动输出轴，检查转动输出轴的力矩。注意：这里测的转动力矩并不是开始转动所需的力矩。若转动力矩太小，则应换装一个比原来薄约0.05mm的调整垫片；若转动力矩太大，则应换装一个比原来厚约0.05mm的调整垫片，直到转动力矩达到规定值。

▲用百分表测量输出轴的端隙

1—百分表 2—专用表架 3—钢球 4—输出轴齿轮
5—螺钉 6—专用推拉工具

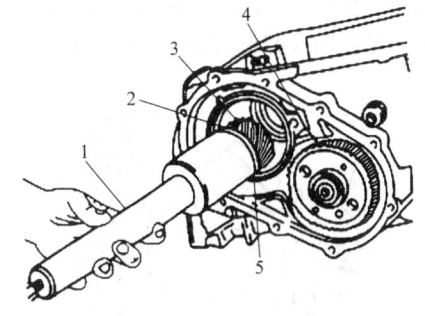

▲用专用工具将中间轴装入变速驱动桥壳体内

1—专用工具 2—轴承支座总成 3—中间轴
4—输出轴 5—O形密封圈

(2) 调整中间轴的转动力矩

1）用专用工具将中间轴装入变速驱动桥壳体内。

2）安装速度调压阀总成和支承座。小心地将停车爪轴和倒挡后制动带的支承块与速度调压阀支承座中相应的孔对正。

3）安装中间轴调整垫片和齿轮。

4）如同安装输出轴螺母那样，先安装中间轴固定扳杆，再装入中间轴垫圈和螺母，然后用指示式扭力扳手按规定的力矩将螺母拧紧。

5）从中间轴齿轮上拆下固定扳杆，并安装百分表架和百分表

6）用专用推拉工具推、拉中间轴齿轮，同时来回转动中间轴，使轴承安装到位。

7）注意推、拉中间轴齿轮时百分表的读数，并根据百分表的读数和维修手册的规定，选取中间轴轴承调整垫片。

8) 拆下中间轴螺母、垫圈、调整垫片和中间轴齿轮总成。

9) 装上正确厚度的调整垫片、中间轴齿轮总成、垫圈和螺母，并按规定的力矩将螺母拧紧。

10) 再次测量中间轴的端隙，直至调整到规定的力矩。当中间轴的端隙过大或过小时，通常将调整垫片减薄或增厚 0.05mm，即可使中间轴端隙达到规定值。

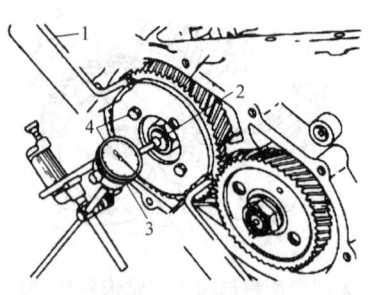

▲测量中间轴的端隙
1—专用工具　2—钢球
3—百分表　4—螺栓

中间轴的端隙应调整精确，若端隙过大，则中间轴会轴向窜动；若端隙过小，则会使轴承工作温度过高，造成轴承和变速驱动桥壳的工作温度有差别，使轴承受到附加端的应力，从而缩短轴承的使用寿命。

11) 在安装和调整好中间轴后，安装输出轴和它的调整垫片及螺母，并按规定的力矩将螺母拧紧。

(3) 变速驱动桥的装配

1) 安装好输出轴齿轮、垫圈和螺母，并按规定的力矩将螺母拧紧。

2) 安装停车爪、复位弹簧和枢轴。

3) 在大的 11 号止推垫圈上涂一点润滑脂，并将它放在变速驱动桥壳体的后面。

4) 用专用工具将单向离合器装入凸轮圈总成内。

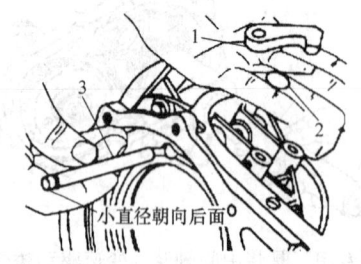 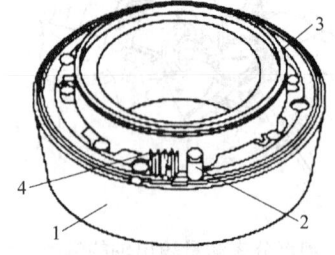

▲安装停车爪、复位弹簧和枢轴
1—停车爪　2—复位弹簧　3—停车爪枢轴

▲用专用工具装配单向离合器
1—单向离合器凸轮圈总成　2—滚子
3—弹簧　4—专用工具

5) 将低挡和倒挡后制动带支承杆装入变速器驱动桥壳体。

6) 将低挡和倒挡制动带支承杆和制动伺服液压缸的作用杆连接起来。

7) 将低挡和倒挡后制动带调节螺钉往回拧，使制动带张开到可能张开的最大程度。

8) 小心地将单向离合器凸轮总成和专用工具与低挡-倒挡离合器和单向离合器毂对正。将单向离合器凸轮圈总成向里推，并顺着单向离合器工作的方向转动单向离合器凸轮圈。当单向离合器滑到位时，专用工具将落到单向离合器毂上，此时再将专用工具从变速驱动桥壳体内拆走。

9) 将润滑脂涂在 10 号止推垫圈上，并将止推垫圈放到后行星齿轮架的后面，然后将后行星齿轮架和 10 号止推垫圈装到变速驱动桥壳体内，以与后行星齿圈接合。

10) 先将润滑脂涂在 9 号止推垫圈上，再将止推垫圈粘在后行星齿轮架的前面。

11）先将8号止推垫圈和7号隔离圈涂上油液，然后将它们装在驱动壳上，再装上弹性卡环和公用太阳轮。

12）安装驱动壳总成，使公用太阳轮和后行星齿轮架内的行星齿轮啮合。

13）将前行星齿轮总成装入前行星齿圈内。

14）在6号止推垫圈上涂上润滑脂，然后将它粘在前行星齿轮总成和齿圈的后表面上。

15）将前行星齿轮总成和齿圈装入变速驱动桥壳体内，使太阳轮和前行星齿轮啮合。

16）用前行星齿轮弹性卡环将前行星齿轮总成和齿圈固定在变速驱动桥输出轴上。

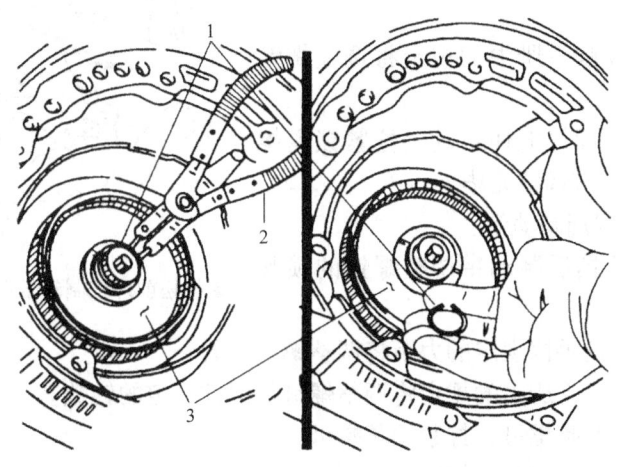

▲用弹性卡环将前行星齿轮总成固定在变速驱动桥输出轴上
1—前行星齿轮弹性卡环　2—弹性卡环拆装钳　3—前行星齿轮总成

在前行星齿轮总成和前行星齿圈之间有5号止推垫圈。5号止推垫圈在前行星齿轮总成和前行星齿圈装配好并用弹性卡环固定后是看不到的。在前行星齿圈弹性卡环的后面，有4号止推垫圈。

17）在3号止推垫圈上涂一层润滑脂，然后将它装到变速驱动桥输出轴的前端。

18）将后离合器总成、前离合器鼓、蜗轮轴和2号止推垫圈装到变速驱动桥壳体内。

19）将后离合器和它的花键毂对正，轻轻转动后离合器和蜗轮轴，使摩擦片的齿和后离合器花键毂的齿接合。如果这一步操作正确，那么后离合器总成、前离合器和蜗轮（输入）轴将同时落入一个摩擦片内，直到整个总成座落到前离合器花键毂上。

20）将直接挡离合器总成和前离合器鼓对正，小心地前后移动并转动蜗轮轴，使前离合器摩擦片和前离合器片接合。当听到前离合器砰的一声落下时，前离合器就安装好了。

21）将降挡制动带和支承杆安装到变速驱动桥壳体内，并将其套在前离合器鼓的周围。拧紧制动带调整螺钉，以使离合器总成和齿轮机构在变速驱动桥内定中心。

22）在油泵衬垫的周围涂上2点或3点（处）润滑脂，再将它放在变速驱动桥壳体上。

23）将一端带锥形的导向螺栓拧入变速驱动桥壳体的油泵紧固螺钉的螺孔中，然后安装油泵，并使它沿着导向螺栓滑到位。在装上油泵的6个紧固螺栓后，将导向螺栓拆下，装上油泵的第7个紧固螺栓。

24）用快速套筒扳手先将油泵紧固螺栓各拧上几圈，再按对角交替拧紧。

25）在将油泵的7个紧固螺栓都拧紧后，检查蜗轮（输入）轴是否能转动。若蜗轮轴不能转动，则必须拆解变速驱动桥，找出装错的止推垫圈。

26）按规定的力矩将油泵紧固螺栓拧紧。

27）如果将3号止推垫圈换成了和原厚度不同的新垫圈，则应该用百分表重新检查蜗轮（输入）轴的端隙。

（4）调整前降挡制动带

1）拧松前降挡制动带锁紧螺母和调整螺钉。

2）用指示式扭力扳手按规定的力矩将调整螺钉拧紧。

3）按制造厂在维修手册中的规定将调整螺钉往回拧一定的转数。

4）用扳手将调整螺钉扳住不动，拧紧锁紧螺母。到此，前降挡制动带调整完毕。

（5）调整低挡和倒挡制动带

1）松开低挡和倒挡后制动带调整螺钉的锁紧螺母和调整螺钉。

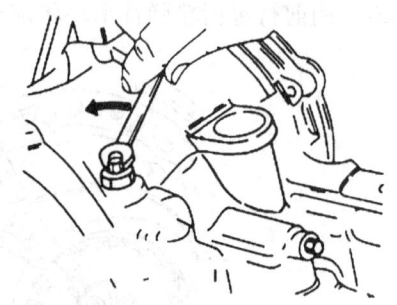
▲拧松前降挡制动带锁紧螺母和调整螺钉

2）用指示式扭力扳手按规定的力矩将调整螺钉拧紧。

3）按制造厂在维修手册中的规定将调整螺钉往回拧一定的转数。

4）用扳手固定住调整螺钉，拧紧锁紧螺母。

（6）用压缩空气检查变速驱动桥

1）采用压力约为206kPa的干燥、洁净的压缩空气，依次向前离合器作用油孔、后离合器作用油孔、降挡伺服液压缸作用油孔、降挡伺服液压缸放松油孔、低挡和倒挡伺服液压缸作用油孔、蓄能器作用油孔和蓄能器放松油孔中吹入压缩空气。

检查所用的工具是带橡胶喷嘴的空气枪。检查时将空气枪喷嘴压在变速驱动桥壳体上，压缩空气就会被密封在液压油路中。

2）将干燥、清洁的压缩空气吹入前离合器作用孔中。当压缩空气作用在前离合器时，应发出"砰"的一声，如果没有发出"砰"的声音，必然是前离合器有漏气的地方。有时在压缩空气作用时，变速驱动桥壳体内会有"嘶嘶"的声音。当出现这种情况时，必须将变速驱动桥解体，找出漏气的地方。在不消除漏气现象的情况下就将变速驱动桥装车是不明智的，因为这样做的话，当汽车在三挡行驶时，前离合器会打滑。若前离合器的检查结果令人满意，则应进行下一步检查。

3）将压缩空气吹入后离合器作用孔。后离合器在接合时应发出"砰"的声音，而在将压缩空气撤去后，离合器应立即松开。如果后离合器不接合或有"嘶嘶"的漏气声，则必然是后离合器有漏气的地方。只有在排除漏气故障后，才能进行下一步检查。

4）将压缩空气吹入降挡伺服液压缸作用孔，前降挡制动带应抱紧；将压缩空气吹入降挡伺服液压缸放松油孔，前降挡制动带应松开。不要将手放在降挡伺服液压缸摇臂和前降挡制动带附近，以防它们弹出伤人。

5）将压缩空气吹入蓄能器的作用孔和放松孔，使蓄能器工作。注意手和脸不要对着蓄能器，因为如果弹性卡环没有完全落座入环槽中，那么在压缩空气作用时，蓄能器盖会从变速驱动桥壳体内飞出。

6）将低压压缩空气吹入低挡和倒挡伺服液压缸作用孔中，如果伺服液压缸使低挡和倒挡制动带抱紧，则说明伺服液压缸是工作的。

经过上述检查，若所有的行星齿轮控制机构和蓄能器均工作正常，则自动变速驱动桥的拆装与检查工作即圆满完成。

试题5 制动系统的检修

一、考核要求
1）拆检、装配制动系统。
2）口述零件的修理方法和技术要求。
3）装配调整后应符合技术标准。

二、考核时间
60min。

三、设备及设施准备

序号	名称	单位	数量	备注
1	汽车	辆	1	—
2	弹簧试验机	台	1	—
3	弓形内径规	个	1	—
4	探伤设备	台	1	—
5	百分表	块	1	—
6	游标卡尺	把	1	—
7	塞尺	把	1	—
8	弹簧秤	只	1	—
9	呆扳手	把	1	—
10	梅花扳手	把	1	—
11	锤子	把	1	—
12	钢丝钳	把	1	—
13	錾子	把	1	—
14	拆装专用工具	套	1	—
15	清洗剂	瓶	1	—
16	油盆	只	1	—
17	毛刷	把	1	—
18	棉纱	团	1	—
19	秒表	块	1	用于计时

四、配分与评分标准

序号	作业项目	考核内容及要求	配分	评分标准	考核记录	扣分	得分
1	正确选用工具、量具	选用的工具、量具齐全并准确	5	缺一件扣1分,选错一件扣1分,扣完为止			
2	准备	检修前的准备	5	准备不充分,每次扣2.5分,扣完为止			
				准备失误扣5分			
3	拆卸	拆卸方法	10	每出现一处错误扣1分			
4	主要机件的检修	前轮的检修	10	检修方法不正确扣3分			
				检修结果不正确扣5分			
				修复方法不正确扣2分			
		后轮的检修	10	检修方法不正确扣3分			
				检修结果不正确扣5分			
				修复方法不正确扣2分			
		驻车制动器的检修	10	检修方法不正确扣3分			
				检修结果不正确扣5分			
				修复方法不正确扣2分			
		制动真空加力器的检修	10	检修方法不正确扣3分			
				检修结果不正确扣5分			
				修复方法不正确扣2分			
5	装配与调整	装配工艺和质量	10	装配错误扣2分			
				轮毂轴承预紧度调整不符合要求扣5分			
				间隙调整不符合要求扣3分			
6	正确使用工具、量具	工具、量具使用正确	10	一种工具、量具使用不正确扣2分,扣完为止			
				损坏或丢失一件工具、量具不得分			
7	操作规程	操作规程执行情况	15	违反操作规程不得分			
8	清理现场	清理、擦洗并回收工具和量具	5	少回收一件工具或量具扣1分,扣完为止			
9		分数总计	100				

否定项说明:出现重大安全事故按0分计

第二章 底盘大修

五、基本操作步骤

操作步骤描述：拆卸→检查→安装。

1. 检查制动液

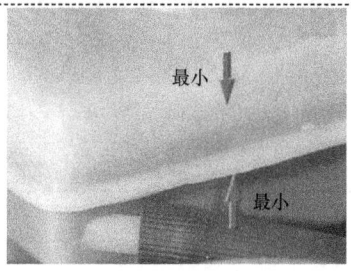

1 先检查制动液：制动液应在最大刻度与最小刻度之间，若发现制动液略有下降，则应添加相同牌号的制动液

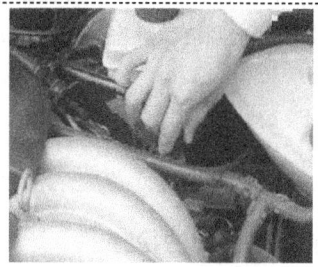

2 检查制动管路有无泄漏，接头有无漏油现象，若有，则应涂抹密封胶，检查管路是否有破裂、磨损、扭曲等现象

3 检查 ABS 制动防抱死管路

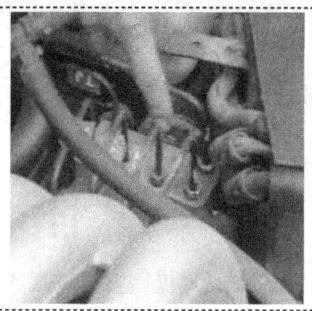

2. 检查前轮制动系统

1 检查前制动系统时应先拆下轮胎

2 取下制动器摩擦片

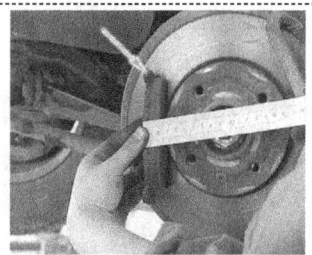

3 用钢直尺测量摩擦片磨损量。包括底板在内，摩擦片的厚度不应小于 7mm，如果小于 7mm，则应更换摩擦片

4 用卡尺测量制动盘的厚度，应不小于 18mm，如果小于 18mm，则应更换制动盘

5 转动制动盘,检查制动盘摩擦表面上的径向圆跳动量,如果径向圆跳动量超过0.06mm,则应更换制动盘

3. 后轮制动系统的检查

1 拆卸后轮

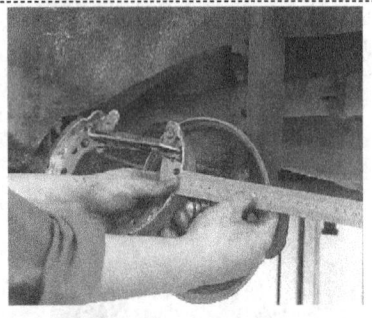

2 先检查制动蹄的厚度,应不小于2.5mm

3 检查制动毂的尺寸,制动毂的内径尺寸应不大于200mm,否则应更换制动毂

4 检查制动分泵时,主要是看活塞运动是否顺畅,皮碗是否有老化、漏油现象

5 检查完毕后,按与拆卸相反的顺序安装车轮

4. 驻车制动器的检查

1 拉动驻车制动操纵杆,听驻车制动操纵杆的响声次数(轿车一般为5~9次)

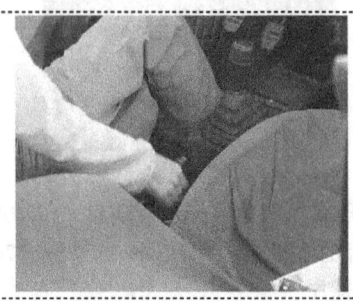

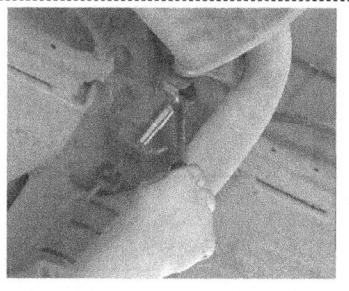

2 调整紧固螺母,直到用手不能转动两个后轮为止

3 松开驻车制动操纵杆,若两后轮旋转自如,则说明调整到位

5. 检查制动真空加力器

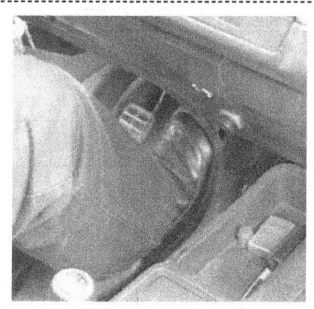

1 使发动机处于熄火状态,踩几下制动踏板,降低加力器气室中的真空度

2 以适中的力踩下制动踏板,并使制动踏板保持在一定的位置不动

3 起动发动机,如果制动踏板高度有所下降,则说明真空加力器工作情况良好;如果制动踏板无任何变化,则说明真空加力器已经失灵,应予以更换

试题6　膜片弹簧式离合器的检测

一、考核要求

1) 拆检、装配离合器。

2）口述主要零件的修理方法和技术要求。

二、考核时间

30min。

三、设备及设施准备

序号	名称	单位	数量	备注
1	发动机	台	1	附离合器总成
2	从动盘支架	个	1	—
3	平台	对	1	—
4	弹簧检验仪	只	1	—
5	百分表	块	1	
6	游标卡尺	把	1	
7	钢直尺	把	1	
8	塞尺	把	1	
9	套筒扳手	把	1	
10	指示式扭力扳手	把	1	
11	粉笔	支	1	
12	锤子	把	1	
13	变速器第一轴	根	1	
14	秒表	块	1	用于计时

四、配分与评分标准

序号	作业项目	考核内容及要求	配分	评分标准	考核记录	扣分	得分
1	正确选用工具、量具	选用的工具、量具齐全并准确	5	缺一件扣1分，选错一件扣1分,扣完为止			
2	准备	检测前的准备	5	准备不充分,每次扣2.5分,扣完为止			
				准备失误扣5分			
3	拆卸离合器	从发动机上拆下离合器总成并进行分解	10	拆卸时未做装配标记扣5分			
				每出现一处操作错误扣2分			
4	离合器主要零件的检修（修理方法可口述）	从动盘的检修	10	检修方法不正确扣5分			
				检修结果不正确扣5分			
		压盘的检修	10	检修方法不正确扣5分			
				检修结果不正确扣5分			
		压紧机件的检修	10	检修方法不正确扣5分			
				检修结果不正确扣5分			
		离合器盖的检修	10	检修方法不正确扣5分			
				检修结果不正确扣5分			

(续)

序号	作业项目	考核内容及要求	配分	评分标准	考核记录	扣分	得分
5	离合器的安装	将离合器总成安装到发动机后端的飞轮上	10	从动盘安装方向不正确扣4分			
				未按记号装配扣4分			
				未用离合器轴对从动盘进行正确定位扣2分			
6	正确使用工具、量具	工具、量具使用正确	10	一种工具、量具使用不正确扣2分，扣完为止			
				损坏或丢失一件工具、量具不得分			
7	操作规程	操作规程执行情况	15	违反操作规程不得分			
8	清理现场	清理、擦洗并回收工具和量具	5	少回收一件工具或量具扣1分，扣完为止			
9		分数总计	100				

否定项说明：出现重大安全事故按0分计

五、基本操作步骤

操作步骤描述：拆卸→检修→安装。

1 拆下离合器，对角拧松压盘的紧固螺栓，取下离合器压盘和从动盘

2 检查摩擦片表面的平面度，若摩擦片表面有不平整或翘曲现象，则应更换摩擦片

3 用游标卡尺检查铆钉埋入深度，如果铆钉埋入深度小于0.2mm，则应更换离合器摩擦片

4 检查离合器压盘平面度:将钢直尺放在离合器压盘与从动盘的接合面上,用塞尺检测离合器压盘平面度,如果离合器压盘平面度误差超过0.2mm,则应更换离合器压盘

5 安装时将离合器从动盘定位于飞轮和压盘中间

6 装上紧固螺栓,并用规定的力矩对角拧紧紧固螺栓

试题7 主减速器的拆卸、检查和调整

一、考核要求
1) 正确拆卸主减速器。
2) 正确检查主减速器。
3) 能调整主、从动锥齿轮的轴承预紧度、啮合印痕和啮合间隙。

二、考核时间
60min。

三、设备及设施准备

序号	名　　称	单位	数量	备　　注
1	主减速器	个	1	—
2	常用工具、量具	套	1	—
3	红丹油		若干	
4	调整垫片	个	若干	—
5	弹簧秤	只	1	
6	百分表	块	1	
7	磁力表座	个	1	
8	清洗液、块布、砂纸		若干	—
9	秒表	块	1	用于计时

四、配分与评分标准

序号	作业项目	考核内容及要求	配分	评分标准	考核记录	扣分	得分
1	正确选用工具、量具	选用的工具、量具齐全并准确	5	缺一件扣1分，选错一件扣1分，扣完为止			
2	拆卸	正确拆卸主减速器	10	根据情况酌情扣分			
3	检查	正确检查主减速器	10	根据情况酌情扣分			
4	调整主、从动锥齿轮的轴承预紧度	采取正确的方法检查并调整主、从动锥齿轮的轴承预紧度	20	检查方法不正确扣5分，调整方法不正确10分，调整结果不正确扣5分			
5	调整主、从动锥齿轮的啮合印痕	采取正确的方法检查并调整主、从动锥齿轮的啮合印痕	20	检查方法不正确扣5分，调整方法不正确10分，调整结果不正确扣5分			
6	调整主、从动锥齿轮的啮合间隙	采取正确的方法检查并调整主、从动锥齿轮的啮合间隙	20	检查方法不正确扣5分，调整方法不正确10分，调整结果不正确扣5分			
7	正确使用工具、量具	工具、量具使用正确	5	一种工具、量具使用不正确扣1分，扣完为止			
				损坏或丢失一件工具、量具不得分			
8	操作规程	操作规程执行情况	5	违反操作规程不得分			
9	清理现场	清理、擦洗并回收工具和量具	5	少回收一件工具或量具扣1分，扣完为止。未回收不得分			
10		分数总计	100				

否定项说明：出现重大事故按0分计

五、基本操作步骤

操作步骤描述：清洁→拆卸→检查→调整。

1. 清洁

1）清洁减速器外部，并注意通气塞的清洁。通气塞应始终保持畅通。

2）检查减速器及后桥是否有漏油现象或漏油痕迹，若有，则应查明漏油原因。

2. 拆卸、检查

1）拧下放油塞，放尽润滑油，拆下减速器后盖。

2）拆下减速器主动锥齿轮凸缘与传动轴的连接螺栓。

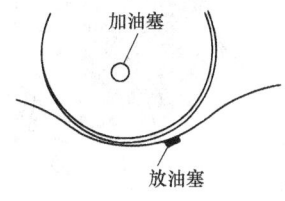

▲拆放油塞

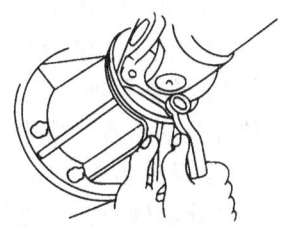

▲拆传动轴连接螺栓

3）先拆下半轴，再拆下主减速器紧固螺栓，然后拆下主减速器及差速器总成。

4）转动减速器齿轮，检查各齿轮表面有无损伤现象。

说明：主、从动锥齿轮的表面不能有疲劳剥落现象；齿轮牙齿损坏不得超过齿长的1/5和齿高的1/3；齿轮牙齿损坏数量不得多于3个；行星齿轮和半轴齿轮齿面不允许有疲劳性剥落现象，齿面上有轻微擦伤时允许使用；环形擦伤的宽度不得超过总宽度的1/3。

5）检查主、从动锥齿轮的啮合间隙。将百分表用磁性表座或夹具吸附在减速器壳上，用百分表的触头垂直接触从动锥齿轮的大端凸面，左右转动从动锥齿轮，其自由摆动量即为啮合间隙。

6）用百分表检查从动锥齿轮背面的轴向圆跳动量。

7）检查差速器壳紧固螺栓的拧紧力矩。

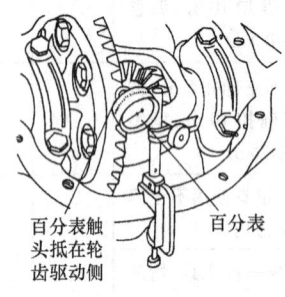
▲检查主、从动锥齿轮的啮合间隙

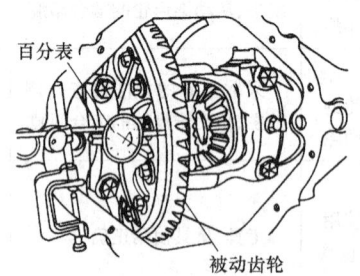
▲检查从动锥齿轮背面的轴向圆跳动量

8）检查差速器轴承盖紧固螺栓的拧紧力矩。

3. 调整

（1）主动锥齿轮轴承预紧度的调整

1）将零件清洁干净，内腔应无铁屑等杂物。在轴承滚子上应涂抹适当的润滑油。

2）用压力机把两个轴承外圈压入轴承座。

3）用压力机把前轴承内圈压到主动锥齿轮轴颈上，使其紧靠齿轮大端端部，并把后轴承的内圈压上，应压靠到轴肩。

4）装入调整垫片、轴承座、前外轴承和主动锥齿轮凸缘，不装油封座及油封。

5）按规定力矩拧紧凸缘槽形螺母（此时应一边转动轴承座壳，一边拧紧槽形螺母）。

6）将轴承座夹紧在台虎钳上，用弹簧秤钩在凸缘螺孔处，沿切线方向拉动，所需拉力应符合规定。若拉力过大，则应增加调整垫片；若拉力过小，则应减少调整垫片。

7）在将轴承预紧度调整好后，拆下凸缘，把内外油封及导向环装入油封座内，再将油封盖总成、衬垫、凸缘、垫圈和螺母装到主动锥齿轮轴上，然后拧紧槽形螺母，锁好开口销。

（2）双级主减速器从动锥齿轮轴承预紧度的调整

1）将从动锥齿轮轴及轴承装入主减速器壳内，再装上两侧的调整垫片及轴承盖，并拧紧轴承盖的紧固螺栓。

2）用手转动从动锥齿轮，从动锥齿轮应灵活转动且无阻滞现象；用撬棒沿轴向反复撬动齿轮轴时，应无轴向间隙的感觉，若感觉轴向间隙过大或过小，则可通过增减

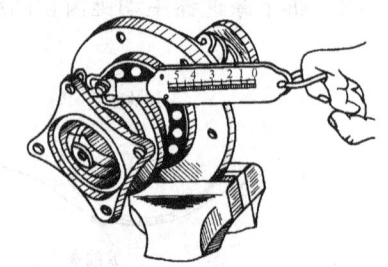
▲主动锥齿轮轴承预紧度的检查

齿轮轴两侧盖与壳体接合面之间的调整垫片来调整。增加调整垫片，可减小轴承预紧度；减少调整垫片，可增大轴承预紧度。

注意：在调整时，应尽量从两侧盖内同时增加或减少调整垫片，并且增减垫片的厚度应尽量一致。

(3) 从动锥齿轮啮合印痕的调整

1) 啮合印痕的要求
2) 啮合印痕的检查

① 在从动锥齿轮的 3~4 个轮齿上涂上红丹油。
② 转动从动锥齿轮数圈。
③ 观察齿面上所压的红色印痕是否正确，以判断齿轮啮合印痕是否需要调整。

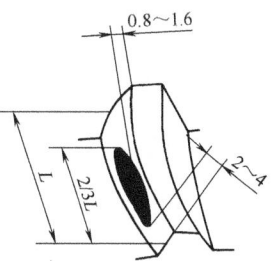
▲啮合印痕的要求

3) 啮合印痕的调整

① 当啮合印痕处在从动锥齿轮的轮齿大端时，应将从动锥齿轮向主动锥齿轮靠拢。若因此使轮齿的啮合间隙过小，则应将主动锥齿轮移开。

② 当啮合印痕处在从动锥齿轮的轮齿小端时，应将从动锥齿轮移离主动锥齿轮。若因此使轮齿的啮合间隙过大，则应将主动锥齿轮移拢。

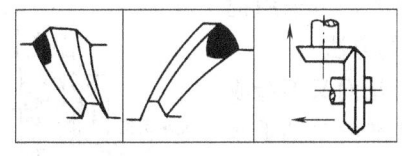
▲移开主动锥齿轮

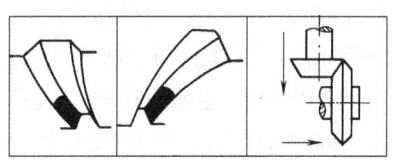
▲移拢主动锥齿轮

③ 当啮合印痕处在从动锥齿轮的轮齿顶端时，应将主动锥齿轮移拢。若因此使轮齿的啮合间隙过小，则应将从动锥齿轮移开。

④ 当啮合印痕处在从动锥齿轮的轮齿根部时，应将主动锥齿轮移开。若因此使轮齿的啮合间隙过大，则应将从动锥齿轮移拢。

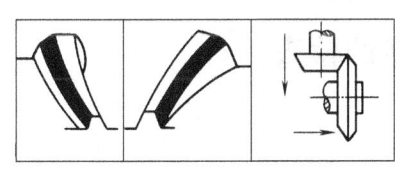
▲移开从动锥齿轮

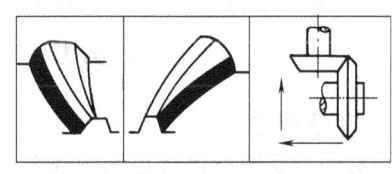
▲移拢从动锥齿轮

(4) 从动锥齿轮啮合间隙的调整

说明：啮合间隙的调整是靠主、从动锥齿轮的轴向移动来实现的。若两齿轮移近，则啮合间隙减小；若两齿轮移离，则啮合间隙增大。在调整过程中，有可能出现啮合印痕和啮合间隙相冲突的现象。这时应尽量满足啮合印痕，而宁可使啮合间隙稍大一些，但啮合间隙最大不能超过 1mm。

1)单级主减速器啮合间隙的调整。移动差速器轴承调整螺母,可以调整啮合间隙。当啮合间隙过大时,应使从动锥齿轮向靠近主动锥齿轮的方向移动,反之则向反方向移动。

说明:在调整之前,应先将差速器轴承的预紧度调整好。为保证差速器轴承的预紧度不变,将差速器轴承一端的调整螺母拧松(或拧紧)多少,就应相应地将另一端的调整螺母拧紧(或拧松)多少。

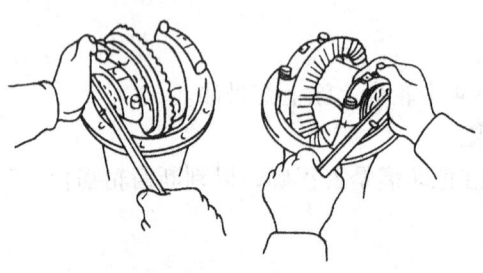

▲从动锥齿轮啮合间隙的调整

可用百分表在从动锥齿轮的轮齿大端上测量啮合间隙。在测量时,百分表的触头应垂直于轮齿大端的凸面,并对沿圆周均布的轮齿(不少于4个)进行测量。

2)双级主减速器啮合间隙的调整

① 当需要将主动锥齿轮移离(或移拢)从动锥齿轮而又不造成间隙过大(或过小)时,在不改变轴承预紧度的情况下,可采用把从动锥齿轮轴适当厚度的调整垫片从一边移到另一边的方法。

② 当需要将从动锥齿轮移离(或移拢)主动锥齿轮而又不造成间隙过大(或过小)时,可采用减少(或增加)主动锥齿轮轴承座与减速器壳之间垫片的方法。

(5)从动锥齿轮支承螺柱的调整

1)松开锁紧螺母。

2)将支承螺柱拧至顶住从动锥齿轮的背面,然后退回约1/4圈即可,以保证间隙为0.3~0.5mm。

3)拧紧锁紧螺母(注意不要动支承螺柱),并用锁片锁牢。

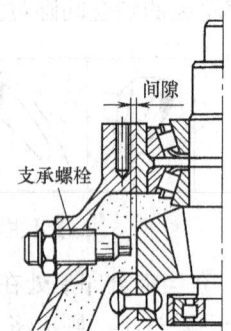

▲从动锥齿轮支承螺柱的调整

试题8 手动变速器的检查

一、考核要求

能够对手动变速器进行正确的检查。

二、考核时间

60min。

三、设备及设施准备

序号	名称	单位	数量	备注
1	手动变速器	台	1	—
2	常用工具、量具	套	1	—

（续）

序号	名称	单位	数量	备注
3	游标卡尺	把	1	—
4	塞尺	把	1	—
5	百分表	块	1	—
6	磁力表座	个	1	—
7	清洗液、块布、砂纸		若干	—
8	秒表	块	1	用于计时

四、配分与评分标准

序号	作业项目	考核内容及要求	配分	评分标准	考核记录	扣分	得分
1	正确选用工具、量具	选用的工具、量具齐全并准确	5	缺一件扣1分，选错一件扣1分，扣完为止			
2	检查	操纵机构的检查	20	检查方法一处错误扣5分，扣完为止			
		传动机构的检查	30	检查方法一处错误扣5分，扣完为止			
3	调整	正确调整间隙	20	调整方法一处错误扣10分			
4	紧固	紧固各部位	10	根据情况酌情扣分			
5	正确使用工具、量具	工具、量具使用正确	5	一种工具、量具使用不正确扣1分，扣完为止			
				损坏或丢失一件工具、量具不得分			
6	操作规程	操作规程执行情况	5	违反操作规程不得分			
7	清理现场	清理、擦洗并回收工具和量具	5	少回收一件工具或量具扣1分，扣完为止，未回收不得分			
8		分数总计	100				

否定项说明：出现重大安全事故按0分计

五、基本操作步骤

操作步骤描述：操纵机构的检查→传动机构的检查→调整→紧固。

1. 变速器操纵机构的检查

① 拆下变速器上盖，并将其清洗干净

② 将变速器上盖固定在台虎钳上，用手推变速叉。若用较大的力猛一推才能将变速叉推上挡位，则说明自锁装置良好；若用力不大就能将变速叉推上挡位，则说明自锁装置失效

▲检查自锁装置

3 某一变速叉已在挡位上,同时推动另一变速叉,若能推上挡位,则说明互锁装置失效

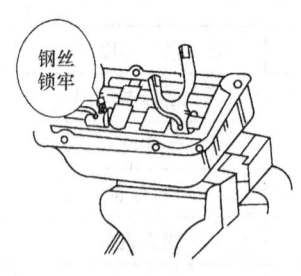
▲检查变速叉是否锁得牢固

4 用手拨动变速叉,检查变速叉在变速轨上是否锁得牢固。变速叉在变速轨上不应有松旷现象,锁止螺钉应不松动

5 检查变速叉。变速叉应不变形,可用游标卡尺测量变速叉与同步器滑动齿套叉槽接合处的厚度及叉槽的配合间隙,也可用塞尺测量

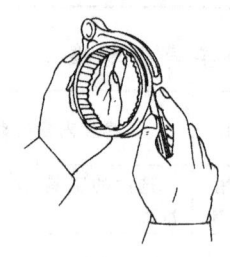

2. 变速器传动机构的检查

1 将变速器中的润滑油放净,并用汽油将其清洗干净

2 检查各齿轮齿面,不应有烧蚀、斑点及剥落现象,接合齿与其相配合的滑动齿轮磨损量不得超过齿长的15%,否则应更换齿轮

3 检查齿轮的啮合间隙。把百分表的触头垂直抵住齿轮齿面,来回转动齿轮,即可测出齿轮啮合间隙

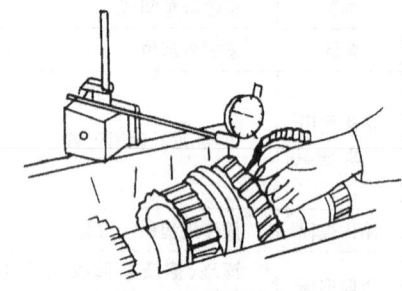
▲检查齿轮的啮合间隙

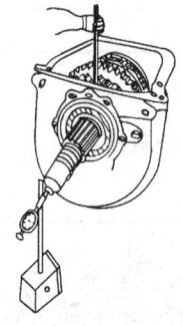
▲检查变速器第一、二轴及中间轴的轴向间隙

4 检查变速器第一、二轴及中间轴的轴向间隙。把百分表的触头垂直抵住各轴端,用撬棒来回撬动与轴固定的齿轮端面,使轴做轴向移动,观察百分表读数,其轴向间隙均不得大于0.30mm

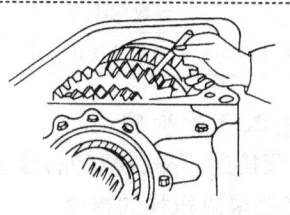
▲用塞尺检查齿轮的端面间隙(一)

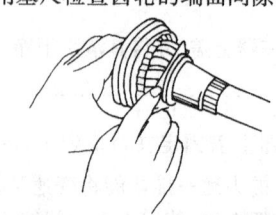
▲用塞尺检查齿轮的端面间隙(二)

5 用塞尺插入齿轮的端面,检查齿轮的端面间隙

6 同步器的检查

①将同步器拆下,用清洗液将其清洗干净。

②检视同步器锥环与锥盘的磨损情况。同步器锥环与锥盘应无刮伤和严重磨损现象;锥环内锥面螺纹槽深不得小于0.1mm,否则,应更换同步器

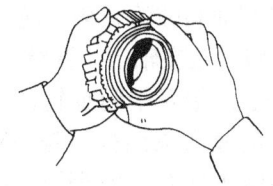

▲检查同步器锥环的制动作用

③检查同步器锥环的制动作用:在锥环内锥面涂抹少量齿轮油,使其与外锥面接触并压紧,相对转动同步器锥环,松手后内锥面不应自动从锥面滑出;取出锥环,检查内外锥面,接触面积应大于总面积的80%,否则,应更换同步器

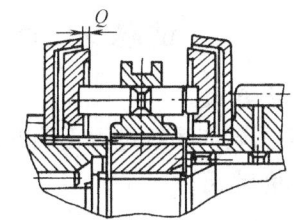

▲测量锁销式惯性同步器的后备行程

④检查同步器的后备行程

● 锁销式惯性同步器的后备行程的测量方法是测量锥盘的大端和锥环端面的高度差

● 锁环式惯性同步器的后备行程的测量方法是:将同步锥、同步环压靠在一起,用塞尺测量同步环大端面与同步锥结合齿前端面之间的距离

同步器的后备行程应不大于1mm,当其大于极限值时,应更换同步器

⑤检查同步器锁销、齿套和定位销,不应有严重磨损现象,否则应予以更换

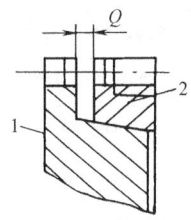

▲测量锁环式惯性同步器的后备行程

7 变速器轴和轴承的检查

①将变速器轴的花键插入与之配合的齿轮或同步器中,用手检查时不应有严重松旷的感觉,也可用百分表检查,配合间隙应不大于0.8mm;用游标卡尺测量花键厚度,其磨损量应不大于0.4mm

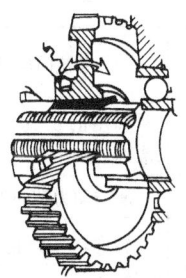

▲检查配合间隙

②将变速器轴放在垫有平板的V形架上,用百分表测量轴的直线度误差,应不大于0.07mm。若轴的直线度误差超过标准,则应校正或更换变速器轴

③在将轴承清洗干净后,检查轴承内、外圈滚道,滚动体上不得有点蚀、剥落现象,否则应更换轴承

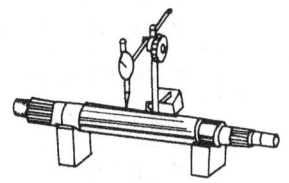

▲检测轴的直线度

3. 调整

（1）齿轮端面间隙的调整　选用可使轴向间隙最小的卡环或止推环，将其装在轴上，调整齿轮的端面间隙。

（2）第一、二轴及中间轴轴向间隙的调整　通过增减各轴轴承盖垫片的厚度来调整。若间隙过大，则减少垫片；若间隙过小，则增加垫片，直到符合规定为止。

4. 紧固

按照顺序装复变速器，并按规定力矩拧紧各部位的螺栓和螺母。

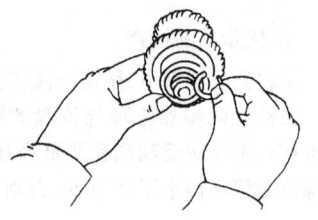

▲齿轮端面间隙的调整

试题 9　动力转向系统的检查与调整

一、考核要求

能够对动力转向系统进行正确的检查和调整。

二、考核时间

60min。

三、设备及设施准备

序号	名　　称	单位	数量	备　　注
1	桑塔纳 2000 型汽车	辆	1	带动力转向系统
2	常用工具、量具	套	1	—
3	弹簧秤	只	1	—
4	油压表	块	1	—
5	清洗液、块布、砂纸		若干	—
6	秒表	1	块	用于计时

四、配分与评分标准

序号	作业项目	考核内容及要求	配分	评分标准	考核记录	扣分	得分
1	正确选用工具、量具	选用的工具、量具齐全并准确	5	缺一件扣1分，选错一件扣1分，扣完为止			
2	清洁	清洁动力转向器	5	根据情况酌情扣分			
3	检查	转向液压泵传动带张紧力的检查	8	根据情况酌情扣分			
		检查系统的密封性	8	根据情况酌情扣分			
		转向储油罐油位的检查	8	根据情况酌情扣分			
		转向液压泵压力的检查	8	根据情况酌情扣分			
		系统压力的检查	8	根据情况酌情扣分			
		检查转向操纵力	7	根据情况酌情扣分			
		转向盘回位情况的检查	7	根据情况酌情扣分			

(续)

序号	作业项目	考核要求	配分	评分标准	考核记录	扣分	得分
4	调整	转向液压泵传动带张力的调整	7	根据情况酌情扣分			
		转向器间隙的调整	7	根据情况酌情扣分			
		转向液压油的更换	7	根据情况酌情扣分			
5	正确使用工具、量具	工具、量具使用正确	5	一种工具、量具使用不正确扣1分,扣完为止			
				损坏或丢失一件工具、量具不得分			
6	操作规程	操作规程执行情况	5	违反操作规程不得分			
7	清理现场	清理、擦洗并回收工具和量具	5	少回收一件工具或量具扣1分,扣完为止,未回收不得分			
8		分数总计	100				

否定项说明:出现重大安全事故按0分计

五、基本操作步骤
操作步骤描述:清洁→检查→调整。
1. 清洁及外部检查
1)清洁动力转向器及转向液压泵外部,检查是否有漏油痕迹。
2)检视各连接油管是否漏油,油管接头连接是否牢固可靠。
3)检视转向减振器是否有漏油现象。
2. 检查
(1)转向液压泵传动带张紧力的检查 检查时,用手以约100N的力从传动带的中间位置按下,传动带应有约10mm的挠度,否则应予以调整。

> 说明:汽车每行驶15000km,就应检查传动带的张紧力,必要时更换。

(2)检查系统的密封性 转向系统密封性的检查应在热车时进行。
1)将转向盘快速向左、右两侧均转至极限位置,并保持不动,此时管内可产生最大压力。目测检查转向控制阀、齿条密封(松开波纹管软管夹箍,再将波纹管推至一旁)、叶轮泵、油管接头是否有漏油现象,若有漏油现象,则应更换密封件。
2)如果发现储油罐中缺少ATF油,则应检查转向系统的密封性是否完好。
3)如果转向器主动齿轮不密封,则必须更换阀体中的密封环和中间盖板上的圆形绳环。
4)如果转向器罩壳中的齿轮齿条密封件不密封,则ATF油可能流入波纹管套里,此时应拆开转向机构,更换所有的密封环。
5)若油管接头漏油,则应查找原因并重新接好油管接头。
(3)转向储油罐内油位的检查
1)将车辆停放在平坦的地面上,使前轮处于直行位置。
2)起动发动机,并使其达到正常的工作温度。

3）使发动机怠速运转大约2min，左、右打几次转向盘，使油温达到40～80℃，然后关闭发动机。

4）观察储油罐内液位，此时液位应处于"MAX"（上限）与"MIN"（下限）之间，当液位低于"MIN"时，应加油至"MAX"处。

5）对于用油位标尺检查的汽车，应先拧下带油位标尺的封盖，用布将油位标尺擦净，再将带油位标尺的封盖插入储油罐内拧好，然后重新拧出，观察油位标尺上的印记，应处于"MAX"与"MIN"之间，必要时应将转向油加至"MAX"处。

（4）转向液压泵压力的检查

1）将量程为15MPa的压力表和节流阀串接到转向液压泵和转向阀之间的管路中。

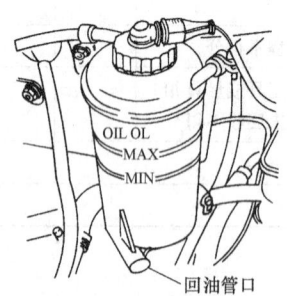

▲转向储油罐内油位的检查

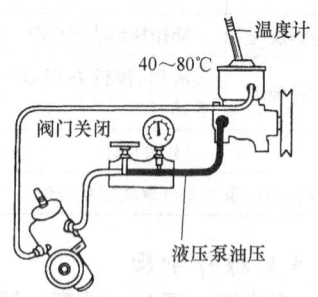

▲转向液压泵压力的检查

2）起动发动机，如果需要，则应向储油罐中补充ATF油。

3）起动发动机，使发动机怠速运转，转动转向盘数次。

4）急速关闭节流阀（不超过5～10s），并读出压力值，其额定值应符合标准。若压力足够，则说明转向液压泵正常。

5）如果压力没有达到额定值，就应检查压力和流量限制阀是否完好。若压力和流量限制阀不正常，则应更换压力和流量限制阀或更换转向液压泵。

（5）系统压力的检查

1）接好压力表和节流阀。

2）将节流阀打开，起动发动机并使其以怠速运转，将转向盘向左、右旋转到极限位置，同时读出压力表上的压力值。压力额定值为6.8～8.2MPa。

3）如果转向盘向左或向右旋转至极限位置时压力的额定值达不到要求，就要修理转向器或更换转向总成。

（6）检查转向操纵力

1）当检查转向操纵力时，应将汽车停放在水平干燥的路面上，使油液温度达到操作温度，轮胎气压正常，并使前轮处于直线行驶位置。

2）使发动机怠速运转，然后将一弹簧秤钩在转向盘边缘上，拉动转向盘，检查转向盘左右转动一圈所需拉力的变化情况。一般来说，如果转向操纵力超过44.5N，则说明动力转向工作不正常，应检查有无传动带打滑或损坏，转向液压泵输出油压或油量是否低于标准，油液中是否渗

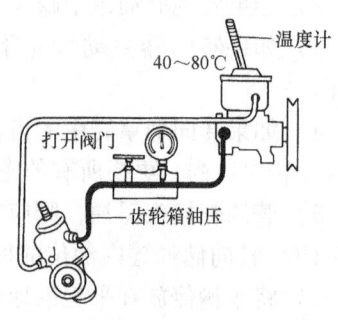

▲系统压力的检查

入空气,油管是否有压瘪或弯曲变形等故障。

(7)转向盘回位情况的检查 在进行转向盘回位检查时,应一边行驶一边察看下列各项:

1)缓慢或迅速转动转向盘,检查两种情况下转向盘操纵力有无明显的差别,并检查转向盘能否回到中间位置。

2)使汽车以约3.5km/h的速度行驶,将转向盘顺时针或逆时针转动90°,然后松开手保持1~2s,如果转向盘能自动回转70°以上,则说明转向盘工作正常,否则应查明故障原因并予以排除。

3. 调整

(1)转向液压泵传动带张力的调整(桑塔纳2000型轿车)

1)松开转向液压泵支架上的后紧固螺栓。

2)松开特别螺栓的螺母。

3)通过张紧螺栓使传动带绷紧。当用手以约100N的力从传动带的中间位置按下时,皮带应约有10mm的挠度。

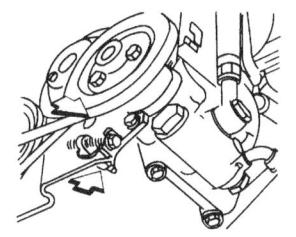
▲松开特别螺栓的螺母

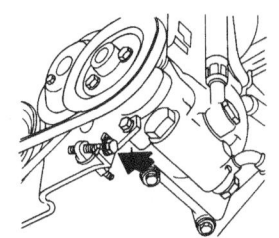
▲张紧V带

4)拧紧特别螺栓的螺母和转向液压泵支架上的紧固螺栓。

(2)转向器间隙的调整。

1)使车轮处在直行位置上,交替往复转动转向盘(以大约30°绕中轴线旋转),当转向器间隙较大时,汽车内部会有碰击和撞击声。此时应有一人小心地将调整螺栓拧入盖内,直到汽车内部的碰击和撞击声消失。然后,将调整螺栓再拧入大约45°(1/8圈),试车。

2)转向盘在直行时若不能自动回位,则应将调整螺栓拧回大约15°,试车。

(3)转向油的更换

1)放油

① 支起汽车前部,使两前轮离开地面。

② 拧下转向储油罐盖,拆下转向液压泵回油管,然后将转向油放入容器中。

③ 使发动机怠速运转,在放转向油的同时,左右转动转向盘。

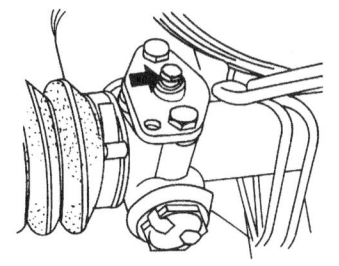
▲转向器间隙的调整

2)加油与排气

① 向转向储油罐内加注符合规定的转向油。

② 使发动机停止工作，支起汽车前部，并用支架支撑，连续从左到右转动转向盘若干次，将转向系统中多余的空气排出。

③ 检查转向储油罐中的油位，视需要将转向油加至"MAX"标记处。

④ 降下汽车前部，起动发动机并使其怠速运转，连续转动转向盘，并注意油位的变化。当油位下降时，应不断加注转向油，直到油位停留在"MAX"处，并在转动转向盘后，储油罐中不再出现气泡为止。

注意：在排除转向系统装置的故障后，不得重复使用储油罐内的转向油；在拆换动力转向器和更换储油罐内的转向油时，原则上要求更换储油罐中的滤清器。

第三章 电气设备大修

试题1 蓄电池的检测

一、考核要求

1）能正确地选用试验工具对蓄电池的技术状况进行全面检测。
2）能正确地分析和处理检测结果。

二、考核时间

60min。

三、设备及设施准备

序号	名　　称	单位	数量	备　　注
1	蓄电池	块	1	—
2	温度计	支	1	—
3	密度计	支	1	—
4	玻璃管高度测量计	支	1	—
5	尖嘴螺钉旋具	套	1	—
6	一字槽或十字槽螺钉旋具	套	1	—
7	发电机	台	1	—
8	钢丝刷	把	1	—
9	玻璃棒	根	1	—
10	万用表	块	1	—
11	高率放电计	支	1	—
12	秒表	块	1	用于计时

四、配分及评分标准

序号	作业项目	考核内容及要求	配分	评分标准	考核记录	扣分	得分
1	正确选用工具、量具	选用的工具、量具齐全并准确	5	缺一件扣1分,选错一件扣1分,扣完为止			
2	蓄电池外部的检查	检查的方法和结果	10	检查方法不正确扣6分 检查结果不正确扣4分			
3	蓄电池的清洁	清洁的方法和效果	10	清洁方法不正确扣6分 清洁效果不好扣4分			
4	静止电动势的检测	检测的方法和结果	10	检测方法不正确扣6分 检测结果不正确扣4分			

(续)

序号	作业项目	考核内容及要求	配分	评分标准	考核记录	扣分	得分
5	电解液液位的检测	检测的方法和结果	15	检测方法不正确扣9分			
				检测结果不正确扣6分			
6	电解液相对密度的检测	检测的方法和结果	10	检测方法不正确扣6分			
				检测结果不正确扣4分			
7	负荷的检测	检测的方法和结果	15	检测方法不正确扣10分			
				检测结果不正确扣5分			
8	正确使用工具、量具	工具、量具使用正确	10	一种工具、量具使用不正确扣2分,扣完为止			
				损坏或丢失一件工具、量具不得分			
9	操作规程	操作规程执行情况	10	违反操作规程不得分			
10	清理现场	清理、擦洗并回收工具和量具	5	少回收一件工具或量具扣1分,扣完为止			
				未收回不得分			
11		分数总计	100				

否定项说明:出现重大安全事故按0分计

五、基本操作步骤

操作步骤描述:检查外部→检测静止电动势→检测电解液液位→检测电解液相对密度→检测负荷。

1. 检查外部

1 检查蓄电池封胶有无开裂和损坏现象,极柱有无破损现象,壳体有无泄漏现象,否则应修复或更换蓄电池

2 疏通加液盖通气孔,用钢丝刷或极柱接头清洗器除去极柱和接头上的氧化物并涂薄薄的一层工业凡士林或润滑脂

2. 检测静止电动势(开路电压)

若蓄电池刚充过电或车辆刚行驶过,则应接通前照灯远光30s,消除"表面充电"现象,然后熄灭前照灯,切断所有负载,用万用表测量蓄电池的开路电压,以判断放电程度

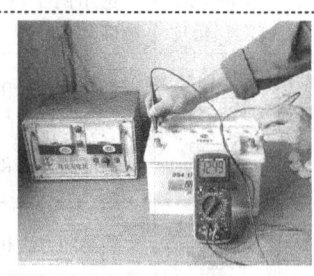

3. 检测电解液液位

用内径为4~6mm,长度约为150mm的玻璃管检测电解液液位,要求液位高出隔板上沿10~15mm。对于半透明式蓄电池,液位应位于最高和最低液位标记之间。当液位过低时,应补加蒸馏水;当液位过高时,应用密度计吸出部分电解液

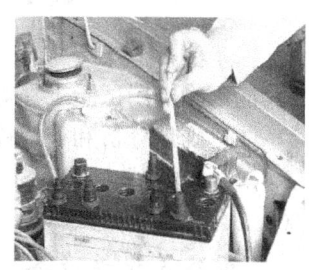

4. 检测电解液相对密度

说明:免维护蓄电池多数设有内装式密度计(充电状态指示器),可根据指示器的颜色判定其电解液的相对密度。绿色表示充足电;当指示器颜色变黑或变深绿色时,说明存电不足,应予以充电;当指示器显示为浅黄色或者无色透明时,必须更换蓄电池

5. 检测负荷

1 高率放电计测试。对于只能检测单格蓄电池电压的普通高率放电计,测量时应将两个叉尖分别紧压在单格蓄电池的正、负极柱上。若电压稳定,则可根据标准判断放电程度;若在5s内电压迅速下降,或某一单格蓄电池比其他单格蓄电池要低0.1V以上,则表示蓄电池有故障

高率放电计
蓄电池

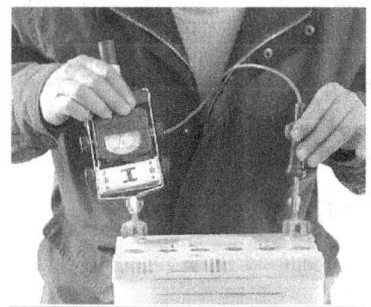

2 对于新式12V高率放电计,应将两放电针分别压在蓄电池正、负极柱上,保持15s。若电压稳定,则可根据标准判断放电程度;若电压迅速下降,则说明蓄电池已损坏

3 车上起动测试。拔下分电器中央线并搭铁,将万用表接在蓄电池正、负极柱上,接通起动机15s,电压应不低于9.6V

试题2 硅整流交流发电机的检修

一、考核要求

1) 能正确选用试验工具对硅整流发电机进行全面的检测。
2) 能正确地分析和处理检测结果并给出维修方法。

二、考核时间

60min。

三、设备及设施准备

序号	名称	单位	数量	备注
1	硅整流发电机	台	1	FZ1542型整体式交流发电机
2	台虎钳及平台	个	1	—
3	蓄电池	块	1	
4	一字槽螺钉旋具	套	1	
5	十字槽螺钉旋具	套	1	
6	呆扳手	套	1	
7	梅花扳手	套	1	
8	00号砂纸和纱布	套	1	
9	顶拔器	个	1	—
10	万用表	块	1	
11	百分表	块	1	
12	游标卡尺	把	1	—
13	秒表	块	1	用于计时

四、配分及评分标准

序号	作业项目	考核内容及要求	配分	评分标准	考核记录	扣分	得分
1	穿戴劳动用品	劳动用品穿戴齐全	5	劳动用品穿戴不全不得分			
2	拆卸	正确拆卸发电机	5	根据情况酌情扣分			
3	转子绕组的检修	检测方法及维修方案	10	检测方法不正确扣5分			
				维修方法不正确扣5分			
4	集电环的检修	检测方法及维修方案	10	检测方法不正确扣5分			
				维修方法不正确扣5分			
5	转子轴的检修	检测方法及维修方案	10	检测方法不正确扣5分			
				维修方法不正确扣5分			

(续)

序号	作业项目	考核内容及要求	配分	评分标准	考核记录	扣分	得分
6	定子绕组短路的检修	检测方法及维修方案	10	检测方法不正确扣5分			
				维修方法不正确扣5分			
7	定子绕组断路的检修	检测方法及维修方案	10	检测方法不正确扣5分			
				维修方法不正确扣5分			
8	定子绕组搭铁的检修	检测方法及维修方案	10	检测方法不正确扣5分			
				维修方法不正确扣5分			
9	整流器的检修	检测方法及维修方案	10	检测方法不正确扣5分			
				维修方法不正确扣5分			
10	电刷组件的检修	检测方法及维修方案	10	检测方法不正确扣5分			
				维修方法不正确扣5分			
11	正确使用工具、量具	工具、量具使用正确	5	一种工具、量具使用不正确扣1分,扣完为止			
				损坏或丢失一件工具、量具不得分			
12	清理现场	清理、擦洗并回收工具和量具	5	少回收一件工具或量具扣1分,扣完为止			
13	分数总计		100				

否定项说明:出现重大安全事故按0分计

五、基本操作步骤

操作步骤描述:拆卸→检修转子→检修定子→检查整流器→检查电刷组件→检查其他零件→安装→试验。

1. 发电机的分解

1 拆卸发电机带轮。用专用扳手固定带轮,拧下紧固螺母(其拧紧力矩为35N·m),取下带轮

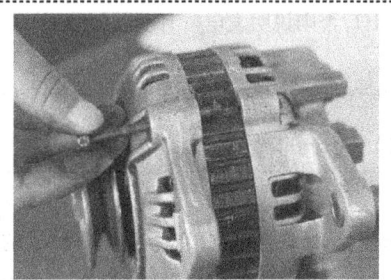

2 拆下轴承座架与外壳的连接螺栓,使轴承座架、转子与外壳分离,用专用顶拔器将转子从轴承座上取下

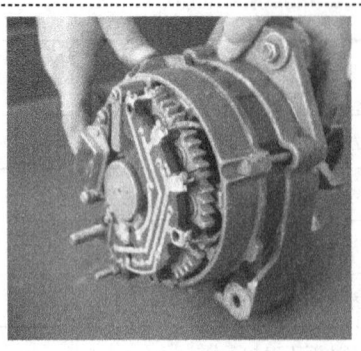

③ 旋下二极管底板与外壳的连接螺钉,将二极管底板与定子一起从外壳内取出

④ 用电烙铁熔开二极管底板与定子绕组的焊接点(75A 发电机的焊接点为 3 点,90A 发电机的焊接点为 4 点),使二者分离。当焊接点熔开时,为避免电子元器件过热,应用尖嘴钳夹住线头,以帮助散热

2. 发电机的检修
（1）定子的检修

① 定子表面不得有刮痕,导线表面不得有碰伤和绝缘漆剥落的现象,绕组不得有搭铁、短路和断路现象

② 搭铁故障的检查:用万用表分别测试定子铁心与绕组各端头(75A 发电机的端子为 3 个,90A 发电机的端子为 4 个)之间的电阻值,其数值应为无穷大,否则说明发电机有搭铁故障

③ 断路故障的检查:用万用表分别测试每两个绕组端头之间的电阻值,每次测得的电阻值均不得超过 0.1Ω,否则说明发电机有断路故障

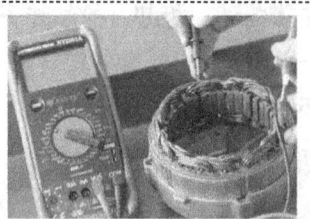

（2）转子的检修

① 转子表面不得有刮痕,否则说明转子的轴承松旷,此时应更换转子前后轴承;集电环表面应光洁、平整,两集电环之间的槽内不得有油污和异物;转子绕组不允许有搭铁、短路或断路故障

第三章　电气设备大修

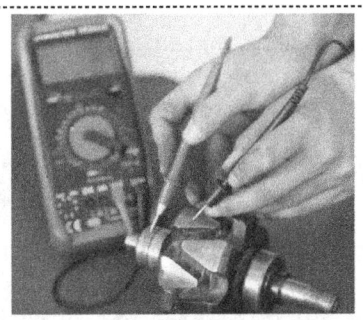

2 搭铁故障的检查：用万用表检查集电环与转子之间的电阻，其数值应为无穷大，否则说明发电机有搭铁故障

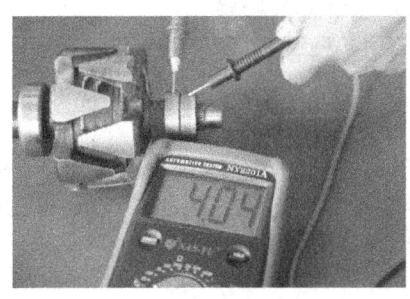

3 断路及短路故障的检查：用万用表检查两集电环之间的电阻值，其数值应为 $3\sim4\Omega$，若大于 4Ω（如为无穷大），则说明发电机有断路故障；若小于 3Ω，则说明发电机有短路故障

（3）二极管底板的检修

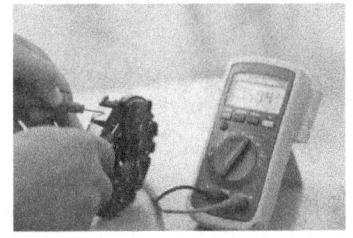

1 检查二极管正向电阻：将万用表的负极表笔接二极管底板上的粗螺栓（B+），正极表笔依次接与定子绕组相接的各接点（75A 发电机为 3 点，90A 发电机为 4 点），每次测量的电阻值均应为 $50\sim80\Omega$

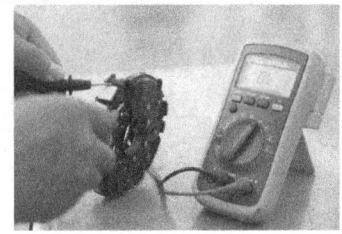

2 检查二极管反向电阻：将万用表正极表笔接散热架（负极），负极表笔依次与各接点相接（75A 发电机为 3 点，90A 发电机为 4 点），每次测量的电阻值均须在 $1000k\Omega$ 以上

（4）检查励磁二极管

万用表负极表笔接二极管底板上的细螺栓（D+），正极表笔依次接各接点（75A 发电机为 3 点，90A 发电机为 4 点），每次测量的电阻值均须为 $50\sim80\Omega$

以上各项测量若有误差，必须整体更换二极管底板

（5）电刷及电刷架的检修

新电刷的长度为 13mm，允许磨损极限为 5mm，超过此极限时应予以更换。电刷表面若有油污，则应用干布擦拭干净。电刷在电刷架内应滑动自如。电刷架不能有裂纹。若弹簧折断或有锈现象，则应予以更换

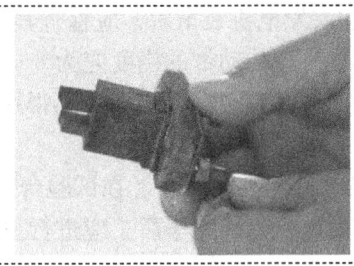

（6）集电环的检修

集电环表面若烧蚀严重或失圆，则可用车床进行修整，其最大偏摆量应不超过0.05mm，最后用细砂布抛光并吹净粉屑

（7）其他部件的检修

1 发电机壳体不得有裂纹。若轴承内缺油，则应更换轴承，不宜在加油后继续使用

2 传动带槽内不能有毛刺，以免损伤传动带。带轮轴孔与轴的配合过盈量为0.01～0.04mm，若松旷，则应加工修复。转子轴承的轴向和径向间隙应不大于0.20mm，否则应予以更换

3. 发电机的装配

发电机的装配可按解体的相反顺序进行。在装配过程中应注意以下问题：

1）不得漏装各绝缘衬套及绝缘垫圈。

2）对于发电机前、后端盖及定子铁心，应按装配标记将其对正装合。

3）各螺栓应按规定力矩拧紧。

4）在装合后，转子在定子内应转动灵活，无碰擦现象，否则应拧松前、后端盖紧固螺栓，边转动转子，边用木质器具轻轻敲击发电机端盖边缘，直至转子转动灵活时，再将紧固螺栓均匀拧紧。

5）硅整流发电机的所有接线必须连接正确，并谨防各接头接地；蓄电池必须负极搭铁；在将各线路连接好之前，最好不要转动发电机，以防烧坏二极管、熔丝及电路。

6）在将发电机装车后，应检查其传动带的张力。当用拇指以39.2～49N的力按压传动带中间部位时，传动带的挠度应为8～12mm，否则应采用将木棒放在发电机前盖处撬动的方法进行调整，直至符合要求（不得在后盖处撬动，以防因后盖变形而损坏元器件）为止，调好后将紧固螺栓拧紧。

4. 发电机的性能检验（在试验台上检验）

在将发电机组装完毕后，应进行技术性能检验。

第三章 电气设备大修

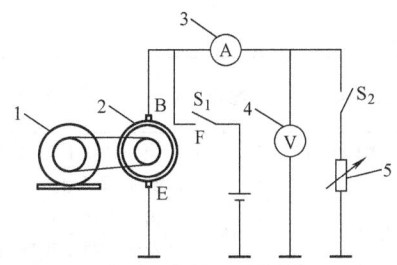

▲发电机试验电路

1—可调速电动机 2—发电机 3—电流表 4—电压表 5—可变电阻器

(1) 空载检验 先将开关 S_1 闭合,由蓄电池对发电机进行励磁。起动可调速电动机1,然后断开开关 S_1,并逐渐提高发电机的转速。当电压表指示的电压值达到 12.5~14.5V 时,发电机的转速应不超过 1050r/min,否则应查明故障原因并将故障排除。

(2) 满载试验 在发电机空载检验符合要求后,再进行满载试验,即接通开关 S_2,逐渐提高发电机的转速并减小负载电阻值,当电压达到 12.5~14.5V,输出电流达到 104A 时,发电机的转速应不超过 6000r/min,否则应查明故障原因并将故障排除。

试题3 内、外搭铁型晶体管电子调节器的检测

一、考核要求

1) 能正确选用试验工具对内外搭铁型晶体管电子调节器技术状况进行整体全面的检测。
2) 能正确地分析和处理检测结果。

二、考核时间

60min。

三、设备及设施准备

序号	名　　称	单位	数量	备　　注
1	电器设备综合试验台	台	1	—
2	直流可调电源	台	1	—
3	外搭铁型晶体管电子调节器	个	1	—
4	内搭铁型晶体管电子调节器	个	1	—
5	变阻器	个	2	—
6	开关	个	2	—
7	2W/12V 灯泡	只	2	—
8	镊子	个	1	—
9	导线	根	若干	—
10	万用表	块	2	灵敏度高
11	接头夹子	个	若干	—
12	秒表	块	1	用于计时

四、配分及评分标准

序号	作业项目	考核内容及要求	配分	评分标准	考核记录	扣分	得分
1	正确选用工具、量具	选用的工具、量具齐全并准确	5	缺一件扣1分,选错一件扣1分,扣完为止			
2	静态检测	检测的方法和结果	15	检测方法不正确扣10分 检测结果不正确扣5分			
3	搭铁形式的检测	检测的方法和结果	15	检测方法不正确扣10分 检测结果不正确扣5分			
4	调节器好坏的检测	检测的方法和结果	10	检测方法不正确扣6分 检测结果不正确扣4分			
5	管压降的检测	检测的方法和结果	20	检测方法不正确扣15分 检测结果不正确扣5分			
6	万能试验台测试	测试的方法和结果	10	检测方法不正确扣6分 检测结果不正确扣4分			
7	正确使用工具、量具	工具、量具使用正确	10	一种工具、量具使用不正确扣2分,扣完为止 损坏或丢失一件工具、量具不得分			
8	操作规程	操作规程执行情况	10	违反操作规程不得分			
9	清理现场	清理、擦洗并回收工具和量具	5	少回收一件工具或量具扣1分,扣完为止 未收回不得分			
10		分数总计	100				

否定项说明:出现重大安全事故按0分计

五、基本操作步骤

操作步骤描述:静态检测→动态检测。

1. 静态检测

使用万用表 $R \times 100\Omega$ 挡测量内、外搭铁型晶体管电子调节器各接线柱之间的静态电阻值,测量的结果应与标准相符。

2. 动态检测

(1) 搭铁形式的检测

1)按图接好线路。

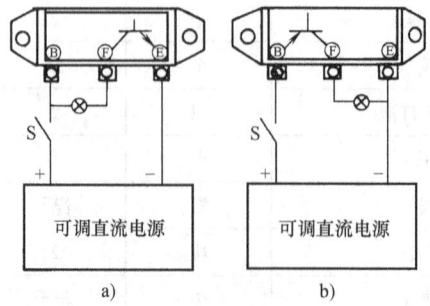

▲电路连接图
a)外搭铁型晶体管电子调节器 b)内搭铁型晶体管电子调节器

2) 将电源电压调到 12V。

3) 接通开关 S,若小灯泡不亮,则该调节器为内搭铁型晶体管电子调节器;若小灯泡亮,则该调节器为外搭铁型晶体管电子调节器。

(2) 调节器好坏的检测

1) 将调节器电路根据搭铁形式的不同按图连接好。

2) 接通开关 S,逐渐调高电源电压,小灯泡的亮度应随着电压的升高而增强。若将电源电压调至调节电压(14V 调节器的调节电压为 13.5 ~ 14.5V)时小灯泡熄灭,则说明调节器良好;若小灯泡始终发亮或始终熄灭,则说明调节器损坏,应更换调节器。

(3) 管压降的检测　在检测管压降时,必须限定流过大功率晶体管的电流。电流的具体数值应根据调节器调节上限和配用发电机磁场绕组的电阻确定。

1) PP350 型内搭铁型晶体管电子调节器管压降的检测

① 按图连接好电路。

② 将变阻器调到 4Ω 左右,再接通开关 S,然后调节变阻器,将电流表读数调到 3A,此时电压表读数应在 0.6 ~ 2V 之间。若电压超过 2V,则说明调节器性能降低或有故障,必须修理或更换调节器;若电压过低(小于 0.6V),则说明大功率晶体管短路,必须更换晶体管或调节器。

2) 133702 型外搭铁型晶体管电子调节器管压降的检测

① 按图连接好电路。

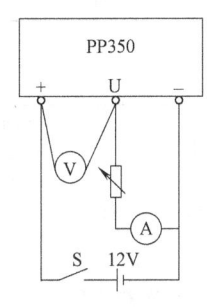

PP350 型内搭铁型晶体管电子　　　　133702 型外搭铁型晶体管
调节器管压降的检测　　　　　　　　电子调节器管压降的检测

② 先将变阻器调到 3Ω 左右,再接通开关 S,然后调节变阻器,将电流表读数调到 4A,此时电压表读数应在 0.6 ~ 1.6V 之间。若电压超过 1.6V,则说明调节器性能不好或有故障,应更换调节器;若电压低于 0.6V,则说明大功率晶体管短路,应更换调节器。

试题 4　起动机的检修

一、考核要求

1) 拆检、装配起动机。

2) 口述主要零件的修理方法和技术要求。

二、考核时间

30min。

三、设备及设施准备

序号	名称	单位	数量	备注
1	起动机	台	1	CA1092型汽车起动机
2	电器万能试验台	台	1	—
3	平台	对	1	—
4	弹簧秤	只	1	
5	百分表	块	1	
6	游标卡尺	把	1	
7	梅花扳手	把	1	
8	呆扳手	把	1	
9	套筒扳手	把	1	
10	指示式扭力扳手	把	1	
11	万用表	块	1	
12	锯条	根	1	
13	V形架	对	1	
14	平台	个	1	
15	轴承顶拔器	件	1	
16	棉纱	团	1	
17	秒表	块	1	用于计时

四、配分与评分标准

序号	作业项目	考核内容及要求	配分	评分标准	考核记录	扣分	得分
1	正确选用工具、量具	选用的工具、量具齐全并准确	5	缺一件扣1分,选错一件扣1分,扣完为止			
2	准备	检修前的准备	5	准备不充分,每次扣2.5分,扣完为止			
				准备失误扣5分			
3	解体		10	每出现一处操作错误扣2分			
4	主要零件的检修(修理方法可口述)	转子总成的检修	8	检验方法不正确扣4分			
				检验结果不正确扣2分			
				修理方法不正确扣2分			
		定子绕组的检修	8	检验方法不正确扣4分			
				检验结果不正确扣2分			
				修理方法不正确扣2分			
		电刷总成的检修	8	检验方法不正确扣4分			
				检验结果不正确扣2分			
				修理方法不正确扣2分			

第三章 电气设备大修

(续)

序号	作业项目	考核内容及要求	配分	评分标准	考核记录	扣分	得分
4	主要零件的检修（修理方法可口述）	单向离合器的检修	8	检验方法不正确扣4分 检验结果不正确扣2分 修理方法不正确扣2分			
		电磁开关的检修	8	检验方法不正确扣4分 检验结果不正确扣2分 修理方法不正确扣2分			
5	组装	组装工艺和方法	10	每出现一处错误扣2分			
6	试验	空载试验	5	不会试验不得分			
		全制动试验	5	不会试验不得分			
7	正确使用工具、量具	工具、量具使用正确	5	一种工具、量具使用不正确扣2分，扣完为止 损坏或丢失一件工具、量具不得分			
8	操作规程	操作规程执行情况	10	违反操作规程不得分			
9	清理现场	清理、擦洗并回收工具和量具	5	少回收一件工具或量具扣1分，扣完为止			
10		分数总计	100				

否定项说明：出现重大安全事故按0分计

五、基本操作步骤

操作步骤描述：拆卸→检测→安装→试验。

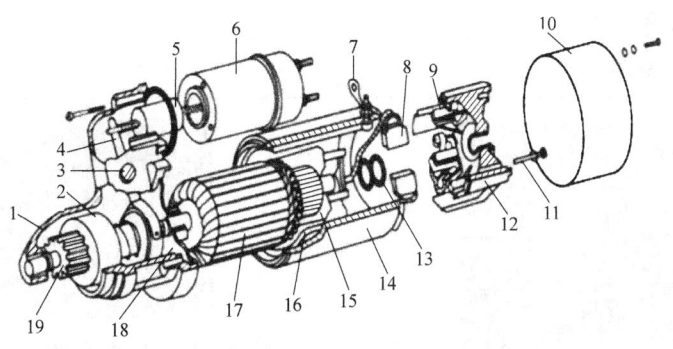

▲CA1092型汽车起动机的结构

1—前端盖 2—滚柱式离合器 3—拨叉销轴 4—拨叉 5—活动铁心 6—电磁开关 7—导电片 8—电刷
9—电刷架 10—防尘器 11—穿心螺钉 12—后端盖 13—止推垫圈 14—外壳
15—磁极铁心 16—励磁绕组 17—电枢总线 18—中间支承板 19—驱动齿轮

1. 起动机的分解

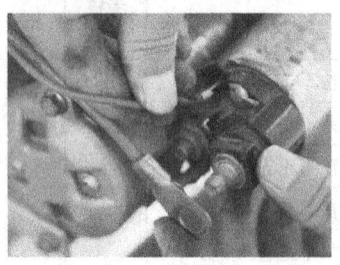

① 拆下连接电磁开关接线柱与电动机接线柱的导电片，旋出紧固电磁开关的螺钉，取下电磁开关

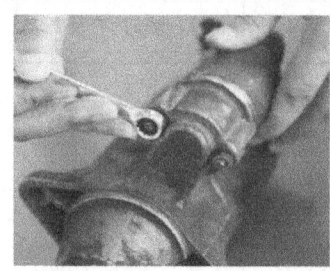

② 旋出防尘盖紧固螺钉，取下防尘盖，用专用钢丝钩取出电刷

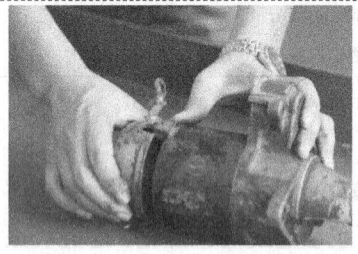

③ 旋出两个穿心螺钉，取下后端盖及外壳

④ 拆下中间支承板，将电枢连同传动机构与前端盖分离

⑤ 拆下电枢轴上的卡簧，将传动机构与电枢分离

2. 起动机的检修

（1）检修电枢绕组

① 若电枢绕组断路，一般可通过目测观察到，断路处可用焊接法修复

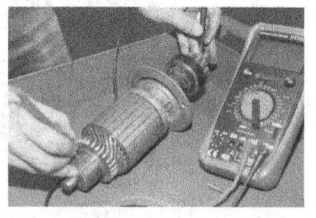

② 检验电枢绕组搭铁情况。用万用表 $R \times 10k\Omega$ 挡检查各换向片与电枢轴（或铁心）的绝缘情况。如果万用表指示值为零，则说明电枢绕组（或换向器）已搭铁，一般应更换电枢总成

（2）检修换向器

① 检修换向器表面。若换向器表面脏污,则可用干净的棉纱蘸少量汽油擦拭干净;若换向器表面不平或有轻微烧蚀,则可用"00"号砂纸打磨

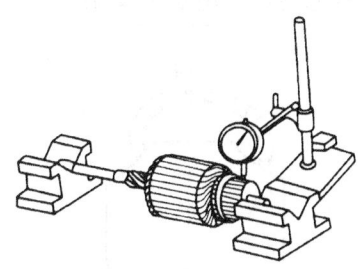

② 换向器圆柱面对电枢轴的径向圆跳动偏差为0.05mm。转动电枢,百分表显示的最大值与最小值之差如果超过0.05mm,则应通过车削复圆。

③ 换向器铜片间绝缘层的割低。要求将绝缘层割低的换向器,应检查其深度是否为0.5~0.8mm,否则可用薄钢锯条锯削

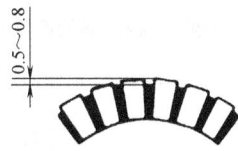

（3）检修电枢轴

用百分表检验电枢轴中间轴颈处的径向圆跳动量,应不大于0.05mm、铁心表面最大径向圆跳动量应小于0.15mm,否则应予以校正

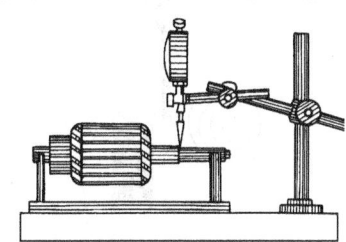

（4）检修励磁绕组

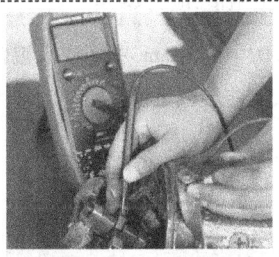

① 检修励磁绕组断路故障:用万用表欧姆挡,按上图所示的方法进行检查,若检测的电阻值为∞,则说明励磁绕组出现了断路,一般是由脱焊或虚焊造成的,重新焊牢即可

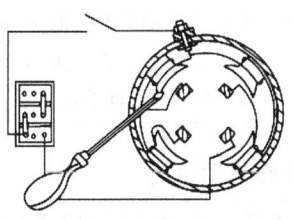

② 检验励磁绕组短路故障:对励磁绕组通以2V的直流电,用钢片触试各磁极,若某磁极的吸力明显小于其他磁极,则该磁极上的绕组有短路故障

③ 检验励磁绕组搭铁故障:用右图所示的方法检验励磁绕组,若检验的电阻值不为∞,则说明励磁绕组搭铁

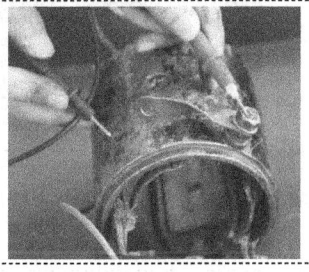

(5) 检修电刷、电刷架及端盖

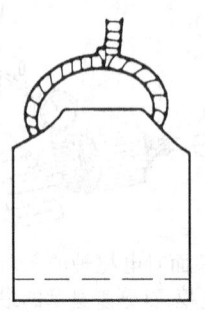

1 检修电刷：当电刷的高度低于原高度的 2/3 时，应予以更换（新电刷的高度为 14mm）

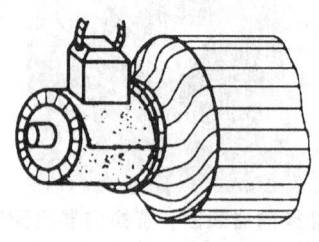

2 对于更换的电刷，应研磨其接触面，研磨方法如上图所示。研磨后的接触面积应大于总面积的 75%。

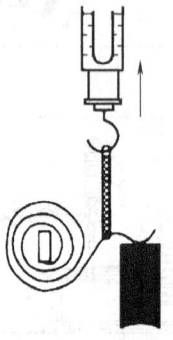

3 检查电刷弹簧压力：用弹簧秤测量电刷弹簧压力的方法如上图所示。若检测的压力低于 14.7N，则应更换电刷弹簧

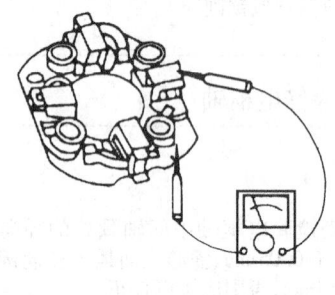

4 电刷架的检查：用万用表测量绝缘电刷架和后盖间的电阻值，应为无穷大；用万用表测量搭铁电刷架和后盖间的电阻值，应为零

5 检修各滑动轴承与轴的配合间隙，前后端盖的配合间隙均为 0.03~0.09mm，中间支承板轴承的配合间隙为 0.23~0.45mm。若配合间隙有超差（用手感觉旷动量较大），则应予以更换。更换的轴承与端盖的过盈量应为 0.08~0.18mm，轴承压入后，再用铰刀铰削至满足要求

(6) 检修传动机构

1 检查驱动齿轮。驱动齿轮端面应无崩角和碎裂现象，磨损量应不超过 3mm，否则应更换新件

2 检查离合器与电枢轴的配合情况。离合器在电枢轴上应移动自如，无卡滞现象，否则应对配合部位进行清洁、修整，用锉刀锉平碰痕或毛刺

3 检查离合器是否正常。用手转动驱动齿轮，驱动齿轮应在一个方向上锁止，在另一个方向上转动自如，否则应更换离合器

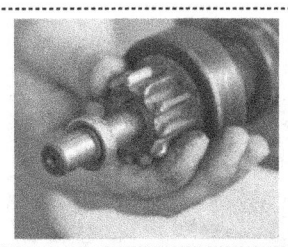

（7）检验电磁开关

1 检查吸引线圈。将万用表表笔分别接S接线柱和电动机的主接线柱，测量电阻值，并由此判定其技术状况（常见的12V起动机的该线圈电阻值为0.6Ω左右）

2 检查保持线圈。将万用表的表笔分别接S接线柱和壳体，根据测量结果，判定其技术状况（常见的12V起动机的该线圈电阻值为1Ω左右）

3. 起动机的组装

1 将中间支承板、离合器、挡圈套到电枢轴上，安装电枢轴前端的卡环

2 先将传动拨叉套到离合器的拨叉套中，再将拨叉部分装入前端盖中，固定拨叉销轴螺栓

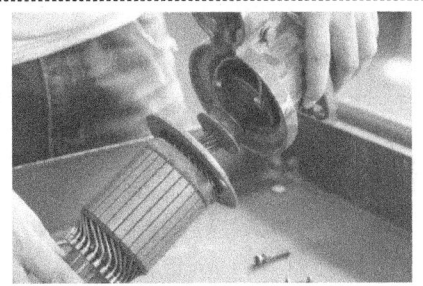

3 固定中间轴承板，以此为基础进行后续装配

4 先将定子部分对准记号套到电枢上，再将止推垫圈装到换向器端的轴上，装上后端盖，旋紧两紧固螺钉。用专用钢丝钩钩起电刷弹簧，装入电刷，安装防护罩

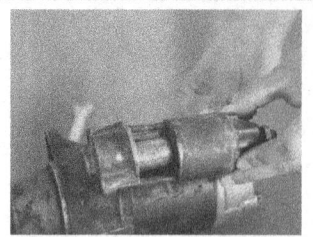 5 将电磁开关活动铁心上的拉杆套入传动拨叉上端,套上电磁开关的另一部分,将电磁开关固定在端盖上	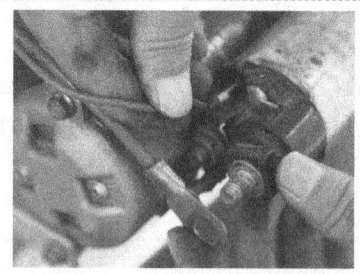 6 将连接片装回电磁开关与电动机接线柱上

4. 起动机的试验

(1) 空载试验

1 将起动机夹在夹具上,接好试验电路	
2 接通起动机电路,起动机应运转均匀,无碰擦声,且电刷应无强烈的火花产生 说明:此时电压表、电流表、转速表和读数应符合规定。若电流值高而转速低,则说明起动机装配过紧或电枢磁场绕组有短路或搭铁故障;若电流值和转速都小,则说明电路中接触电阻过大,有接触不良之处	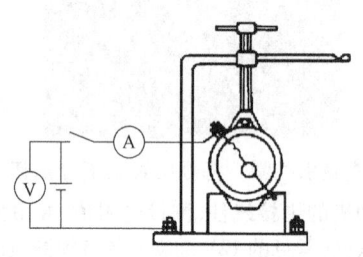

(2) 全制动试验 (力矩试验)

1 将起动机夹紧在试验台上,使制动力矩杠杆 (扭力杠杆) 的一端夹住起动机中的起动齿轮,另一端挂在弹簧秤上	
2 接通起动机电路(接通时间不大于5s),观察单向滑轮是否打滑,并迅速记下电流表、电压表和弹簧秤读数,然后与原技术标准相对照 说明:若力矩小而电流值大,则说明电枢和磁场绕组中有搭铁短路故障;若力矩和电流值都小,则说明电路中有接触不良之处;若驱动齿轮不转而电枢轴缓慢转动,则说明单向滑轮打滑	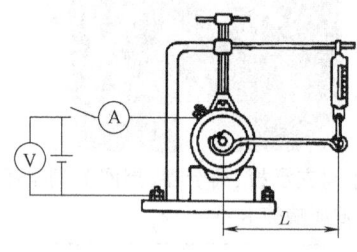

试题5 空调压缩机的拆装

一、考核要求

能正确对空调压缩机进行拆装。

二、考核时间

40min。

三、设备及设施准备

序号	名称	单位	数量	备注
1	空调压缩机	台	1	旋转斜盘式空压机
2	常用维修工具、量具	套	1	—
3	秒表	块	1	用于计时

四、配分及评分标准

序号	作业项目	考核内容及要求	配分	评分标准	考核记录	扣分	得分
1	正确选用工具、量具	选用的工具、量具齐全并准确	5	缺一件扣1分,选错一件扣1分,扣完为止			
2	拆卸	正确拆卸压缩机	35	根据情况酌情扣分			
3	安装	按规范程序安装压缩机	35	根据情况酌情扣分			
4	正确使用工具、量具	工具、量具使用正确	10	一种工具、量具使用不正确扣2分,扣完为止			
				损坏或丢失一件工具、量具不得分			
5	操作规程	操作规程执行情况	10	违反操作规程不得分			
6	清理现场	清理、擦洗并回收工具和量具	5	少回收一件工具或量具扣1分,扣完为止			
7	分数总计		100				

否定项说明:出现重大安全事故按0分计

五、基本操作步骤

操作步骤描述:拆卸→安装。

1 拧下压缩机离合器压盘的锁紧螺母

2 取下离合器压盘

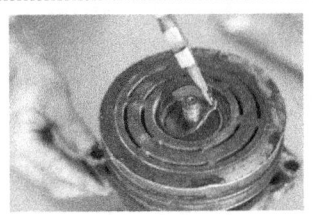

3 用卡环钳将带轮卡环夹出

4 用顶拔器将带轮拉出

 5 用卡环钳将电磁线圈卡环夹出	 6 取下电磁线圈
 7 拧下前壳体的连接紧固螺栓	 8 将前壳体取下
 9 取出空调压缩机活塞总成	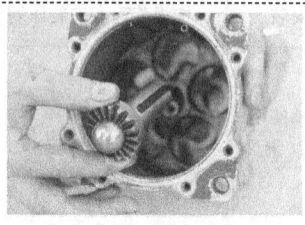 10 取出活塞总成斜盘挺杆
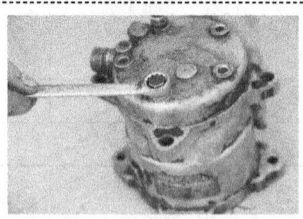 11 拆下空调压缩机后盖紧固螺栓	 12 取下空调压缩机后盖
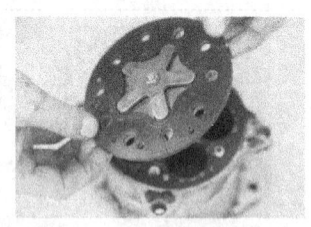 13 取下空调压缩机进/排气道阀板总成并分解	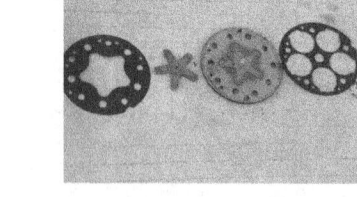
14 安装时按与拆卸相反的顺序进行	—

试题 6　空调系统的检修

一、考核要求

1) 能够正确使用空调仪器。
2) 能够对空调系统进行规范检修。

二、考核时间

60min。

三、设备及设施准备

序号	名称	单位	数量	备注
1	肥皂	块	1	—
2	电子查漏仪	台	1	—
3	双歧管压力表	套	1	—
4	真空泵	台	1	—
5	常用维修工具、量具	套	1	—
6	制冷剂	罐	1	—
7	秒表	块	1	用于计时

四、配分及评分标准

序号	作业项目	考核内容	配分	评分标准	考核记录	扣分	得分
1	正确选用工具、量具	选用的工具、量具齐全并准确	5	缺一件扣1分,选错一件扣1分,扣完为止			
2	检查	外观的检查	10	检查方法不正确扣5分 检查结果不正确扣5分			
		泄漏情况的检查	10	检查方法不正确扣5分 检查结果不正确扣5分			
		系统压力的检查	20	检查方法不正确扣10分 检查结果不正确扣10分			
3	加注制冷剂	制冷剂的加注	40	加注方法不正确扣30分 加注结果不理想扣10分			
4	正确使用工具、量具	工具、量具使用正确	5	一种工具、量具使用不正确扣1分,扣完为止 损坏或丢失一件工具、量具不得分			
5	操作规程	操作规程执行情况	5	违反操作规程不得分			
6	清理现场	清理、擦洗并回收工具和量具	5	少回收一件工具或量具扣1分,扣完为止 未收回不得分			
7		分数总计	100				

否定项说明:出现重大安全事故按0分计

五、基本操作步骤

操作步骤描述:外观检查→泄漏情况的检查→加注制冷剂。

1. 外观检查

1 检查压缩机传动带是否过松,若过松,则应按标准调整

2 检查空调出风口的出风量,如果出风量不足,则应检查进风滤清器,若有杂物,则应予以清除

3 听压缩机附近是否有非正常的响声,如果有,则应检查压缩机的安装情况

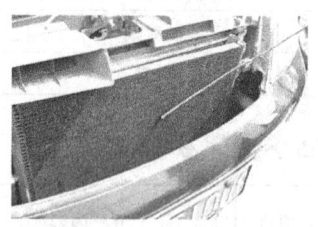

4 检查冷凝器散热片上是否有脏物覆盖,如果有,则应将脏物清除

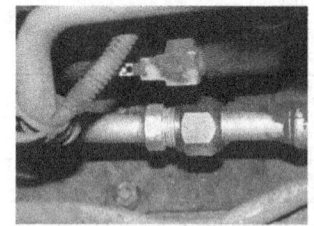

5 检查制冷循环系统的各连接处是否有油渍,如果有油渍,则说明该连接处泄漏,应紧固该连接处或更换该连接处的零件

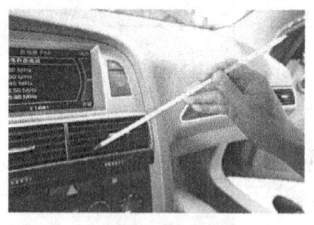

6 测量空调出风口温度,不同车型的空调制冷效果不同,一般以出风口温度在 8～10℃ 为正常

2. 检查制冷剂的数量

检查制冷剂的数量有两种方法:一种是通过系统中安装的视液镜进行检查,另一种是通过检测系统压力进行检查

(1) 通过视液镜检查制冷剂的数量

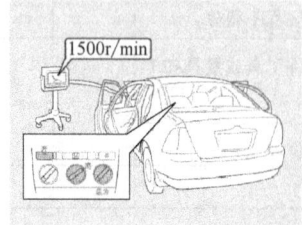

1 将发动机转速调整为 1500r/min,将鼓风机速度控制开关置于"高"位,将空调开关置于"开",将温度选择器置于"最凉",完全打开所有车门

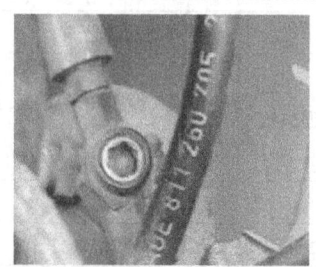

2 检查制冷剂的数量。如果在检查时出现气泡并且气泡在几秒钟内消失,则说明空调不缺制冷剂,否则应添加制冷剂

(2) 通过检测系统的压力检查制冷剂的数量

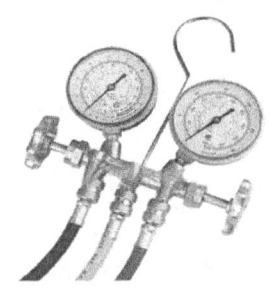

1 将歧管压力表的高低压开关全部关闭,把加注软管的一端与歧管压力表相连,将加注软管的另一端与车辆侧的维修阀门相连;将蓝色软管接低压侧,将红色软管接高压侧

2 起动发动机,在空调运行时检查歧管压力表所显示的压力读数

3. 检查制冷剂的泄漏情况

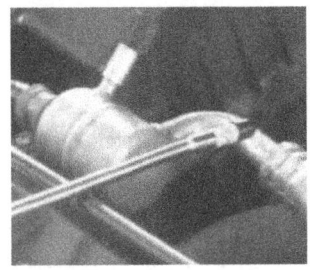

1 空调制冷管路的泄漏情况,可用泄漏检测仪进行检测。检测方法是用泄漏检测仪的检测探头对可疑泄漏部位进行检测

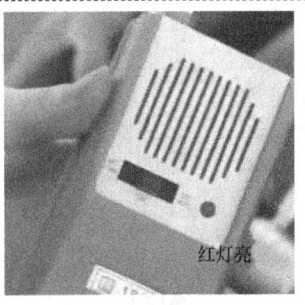

2 当检测仪检测出泄漏部位时,将会发出警报

4. 制冷剂的加注

制冷剂加注工作分为两种:一种是制冷系统内部制冷剂不足,应进行补充;另一种是制冷系统中无制冷剂,应重新加注。如果制冷剂不足,则需检查制冷系统是否有泄漏的地方,在确认系统无泄漏处后,可补充制冷剂。如果空调系统更换了零件或因其他原因导致制冷剂全部漏光,则需重新加注制冷剂。在重新加注制冷剂时,应先对系统进行抽真空作业,以抽去制冷循环系统中的水分,防止因水结冰堵塞制冷系统的管路。下面介绍重新加注制冷剂的步骤。

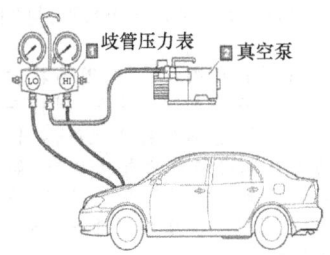

1 按前述方法安装歧管压力表,将绿色软管的一端接压力表的中部,另一端接真空泵

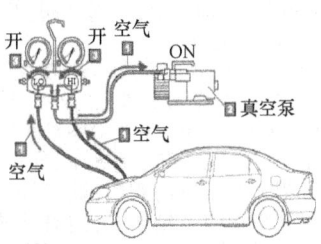

2 打开歧管压力表高压侧和低压侧的阀门,开启真空泵抽真空,抽至歧管压力表低压侧压力为0.1MPa或更高,保持0.1MPa或更高的压力,抽真空10min

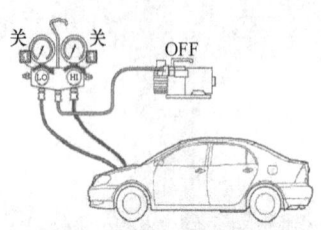

3 关闭歧管压力表高压侧和低压侧的阀门,关闭真空泵

注意:如果关停真空泵时两侧(高压侧和低压侧)的阀门都开着,则空气会进入空调系统

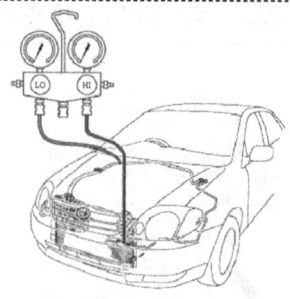

4 检查系统密封性。在真空泵停止后,将高压侧和低压侧的阀门关闭5min歧管压力表的读数应保持不变

提示:如果显示压力增加,则有空气进入空调系统,此时应检查O形密封圈和空调系统的连接状况。如果抽真空不足,则空调管道内的水分会冻结,这将阻碍制冷剂的流动并导致空调系统内表生锈

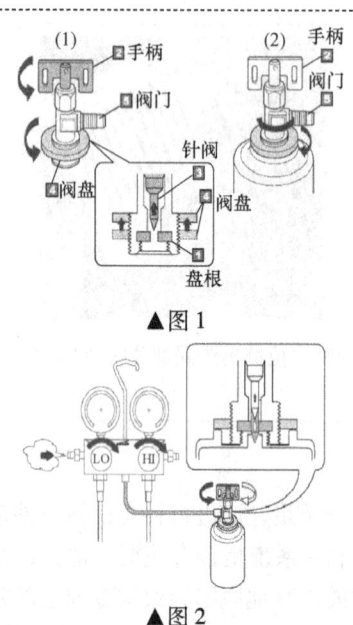

▲图1

▲图2

5 安装制冷剂罐

①连接阀门和制冷剂罐,检查加注罐连接部件的盘根,然后逆时针转动手柄,升起针阀,并逆时针转动阀盘,升起阀盘,见图1

注意:要在针阀升起前安装加注罐,否则针阀会插进加注罐,导致制冷剂泄漏;不要顺时针转动手柄,否则针阀插进加注罐,导致制冷剂泄漏

②把加注罐安装到歧管压力表上,完全关闭歧管压力表低压侧和高压侧的阀门;顺时针转动手柄,直到针阀在制冷剂罐上钻出孔;逆时针转动手柄,退出针阀;按下歧管压力表的空气驱除阀,放出空气,直到制冷剂从阀门释出,见图2

注意:如果用手按下气体驱除阀,释放出的空调气体就会喷到手上,导致手冻伤,因此要用螺钉旋具等按住阀门

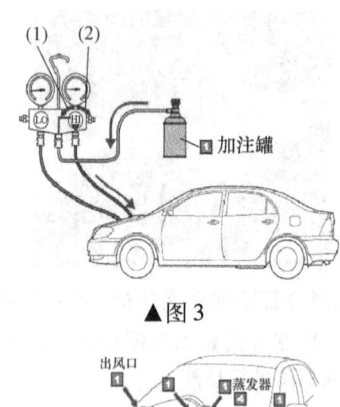

▲图3

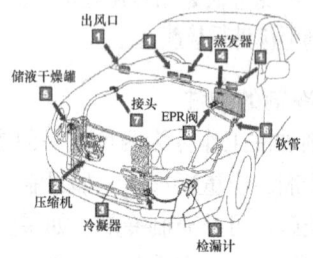

▲图4

6 从高压侧加注制冷剂

①当发动机不工作时,打开高压侧阀门,加入制冷剂,直到低压侧压力大约为0.98MPa,见图3。制冷剂加注完毕后,关闭阀门

注意:一定不要让压缩机工作,因为在空调压缩机运行时,若不从低压侧加注制冷剂,则将导致空调压缩机因缺冷油而拉伤;也不要打开低压侧阀门,因为制冷剂在空调压缩机内通常为气体状态,如果从高压侧加注制冷剂而低压侧阀门开着,则液态制冷剂会进入低压侧,此时若空调压缩机开始工作,则会因液击而损坏压缩机

②检查漏气情况。用电子检漏计按图4所示的部位检测系统的漏气情况

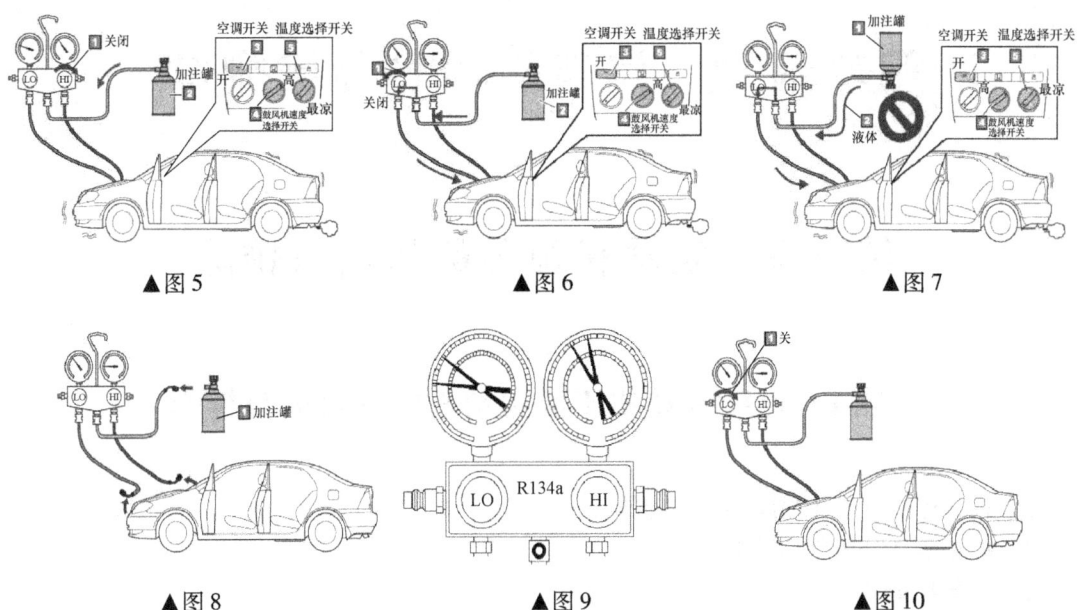

▲图5　　　　　　　　▲图6　　　　　　　　▲图7

▲图8　　　　　　　　▲图9　　　　　　　　▲图10

7　从低压侧加注制冷剂

①关闭高压侧阀门后,起动发动机并运行空调,见图5

②将发动机转速调整为1500r/min;将鼓风机速度控制开关置于"高"位,将A/C开关置为"开",将温度选择器置为"最凉",完全打开所有车门,然后打开歧管压力表,加入规定量的制冷剂,见图6

提示:制冷剂的加注量因车型的不同而不同,应参照相关的说明书

注意:当低压侧加注制冷剂时,制冷剂罐倒置(见图7)将使空调气以液态进入压缩机,损坏压缩机,所以制冷剂不要加注过量,否则将导致制冷不足

在更换加注罐时,应关闭高压侧和低压侧的阀门

在更换加注罐后,应打开驱气阀,从中部的软管(绿色)和歧管压力表中放出空气

③在发动机工作时不要打开高压侧的阀门,这将导致高压气回流至加注罐,造成加注罐破裂,见图8

④根据歧管压力表的显示值检查制冷剂的加注量,在制冷剂加注量达到规定值时,歧管压力表显示的压力也应达到规定值,见图9

提示:歧管压力表所示压力随着外部空气温度的变化而有轻微的变化

⑤在制冷剂加注量符合要求后,关闭低压侧阀门并关闭发动机,见图10

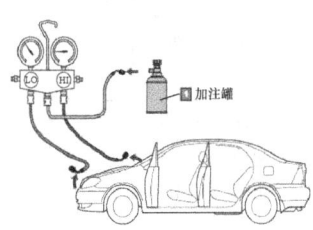

8　把加注软管从车辆侧维修阀门和制冷剂罐阀门上拆掉

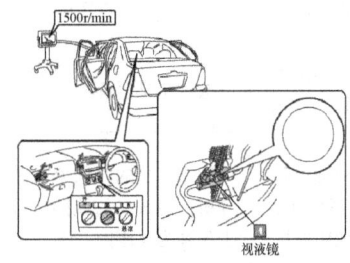

9　最后检查制冷剂的加注量是否合适,空调系统运转是否正常:通过观察孔检查制冷剂加注量,并检查漏气和空调制冷状况

第二部分 汽车故障诊断与排除

第一章 发动机故障的诊断与排除

试题1 电喷发动机不能起动故障的诊断与排除

一、考核要求

1) 按程序进行汽车故障的诊断与排除。
2) 能正确地分析判断结果。

二、考核时间

50min。

三、设备及设施准备

序号	名 称	单位	数量	备 注
1	电喷发动机汽车	辆	1	存在发动机不能起动故障
2	点火正时灯	台	1	—
3	数字式万用表	块	1	
4	燃油压力表	块	1	
5	气缸压力表	块	1	
6	常用工具、量具	套		
7	X431型解码器	台	1	
8	秒表	块	1	用于计时

四、配分与评分标准

序号	作业项目	考核内容及要求	配分	评分标准	考核记录	扣分	得分
1	正确选用工具、量具	选用工具、量具齐全并准确	5	缺一件扣1分,选错一件扣1分,扣完为止			
2	根据故障现象,分析故障原因	运用正确的方法确认故障,分析产生故障的原因,说出至少3种主要原因	25	故障确认不准确扣5~10分,分析原因不相关扣4~15分,每少说1项扣5分,扣完为止			
3	诊断故障	用正确的方法诊断故障	30	诊断方法错误扣5~10分,诊断步骤每错一步扣5~10分,诊断结果错误不得分			

(续)

序号	作业项目	考核内容及要求	配分	评分标准	考核记录	扣分	得分
4	排除故障	运用正确的方法排除故障	20	不能排除故障扣10分			
				自制一处故障扣5分			
5	验证排除效果	按照要求验证故障排除效果	5	验证方法不当扣1~5分，不进行验证扣5分			
6	正确使用工具、量具	工具、量具使用正确	5	一种工具、量具使用不正确扣1分，扣完为止			
				损坏或丢失一件工具、量具不得分			
7	操作规程	操作规程执行情况	5	违反操作规程不得分			
8	清理现场	清理、擦洗并回收工具和量具	5	少回收一件工具或量具扣1分，扣完为止			
				未回收不得分			
9		分数总计	100				

否定项说明：无

五、故障现象

1）在用起动机起动电喷发动机时，发动机旋转轻快但不能起动，也无起动征兆。

2）在用起动机起动电喷发动机时，发动机有起动征兆，但难以着火，或起动困难。

六、故障原因

1. 有轻微起动征兆

1）进气管漏气。

2）冷起动时喷油器不工作或工作不良。

3）空气流量计（或进气压力传感器）有故障。

4）进气温度传感器有故障。

5）冷却液温度传感器有故障。

6）燃料供给系统不正常。

7）喷油器及其控制系统有故障。

8）点火系统高压电路不正常。

9）点火系统点火不正时。

2. 无起动征兆

1）油箱内无油。

2）电动汽油泵不工作。

3）供油系统供油不正常。

4）起动时节气门全开。

5）点火系统工作失常。

6）发动机气缸压力过低。

七、故障诊断与排除

1）当起动电喷发动机时，若发动机有起动征兆但不能起动，则按以下程序进行诊断。

电喷发动机不能起动
检查故障码
有故障码
按故障码表查找故障原因
无故障码
踩下加速踏板，起动发动机
能起动
怠速控制阀、连接电路或空气管有故障
不能起动
检查进气管是否密封，机油加注口处、各软管连接处以及曲轴箱通风装置软管有无漏气或破裂现象
不正常
修补漏气处
正常
检查高压电火花
不正常
检查高压线、点火线圈、分电器、点火控制器
正常
检查点火正时
不正常
调整点火正时
正常
检查燃油供给系统是否正常：将燃油压力表连接到相应的测试接口，用起动机带动发动机旋转，观察燃油压力表的指示状况
压力过低
燃油泵、燃油滤清器、燃油压力调节器、燃油管泄漏变形，熔丝烧断，继电器有故障
正常
检查空气流量计（进气压力传感器）、冷却液温度传感器工作是否正常
不正常
空气流量计（进气压力传感器）、冷却液温度传感器有故障
正常
检查冷起动喷油器工作是否正常：用万用表测量的冷起动喷油器线圈的电阻值应符合规定要求；用万用表测量的冷起动喷油器线圈接线柱的控制电压应符合规定要求
不正常
若线圈的电阻值不符合规定，则说明线圈断路或短路；若线圈的接线柱控制电压不符合规定，则说明控制电路或ECU有故障

2）起动发动机时，若无起动征兆，则按以下程序进行诊断。

电喷发动机不能起动
检查故障码
有故障码
按故障码表查找故障原因
无故障码
检查高压电火花
不正常
检查高压线、点火线圈、分电器和点火控制器
正常
检查点火正时
不正常
调整点火正时

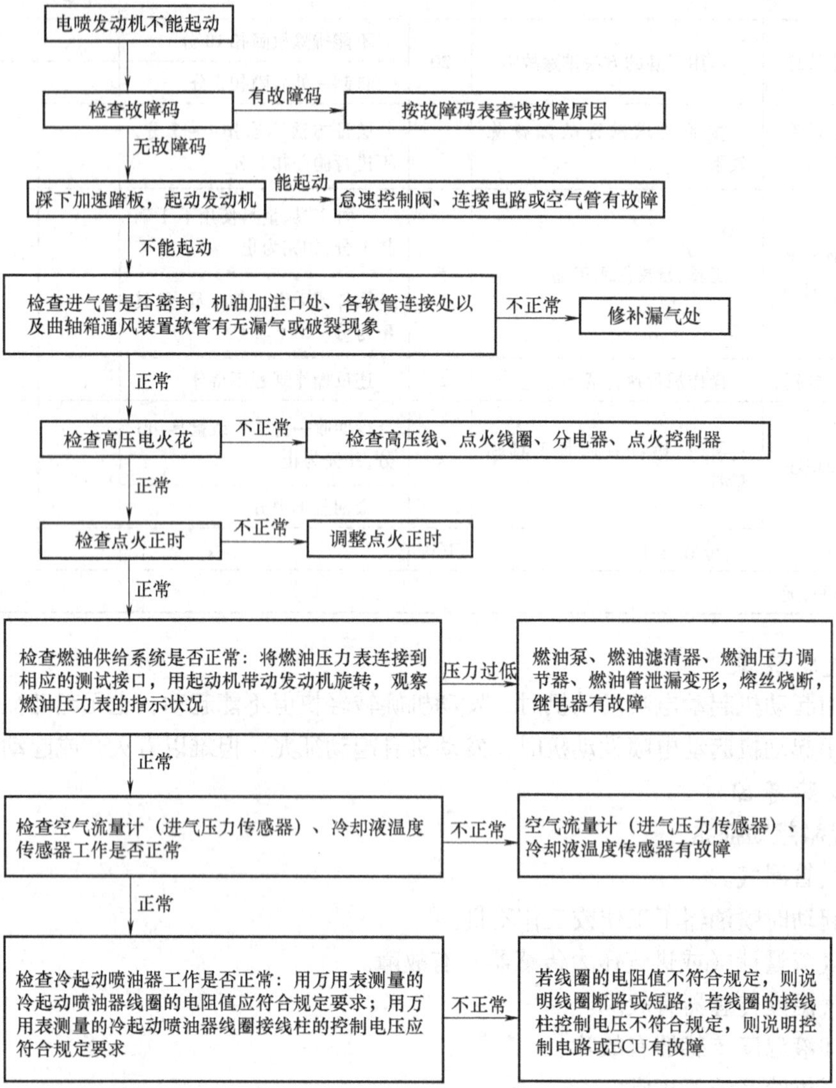

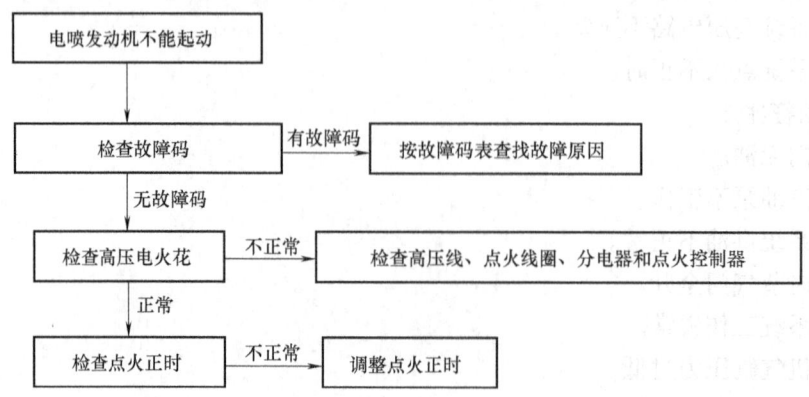

第一章 发动机故障的诊断与排除

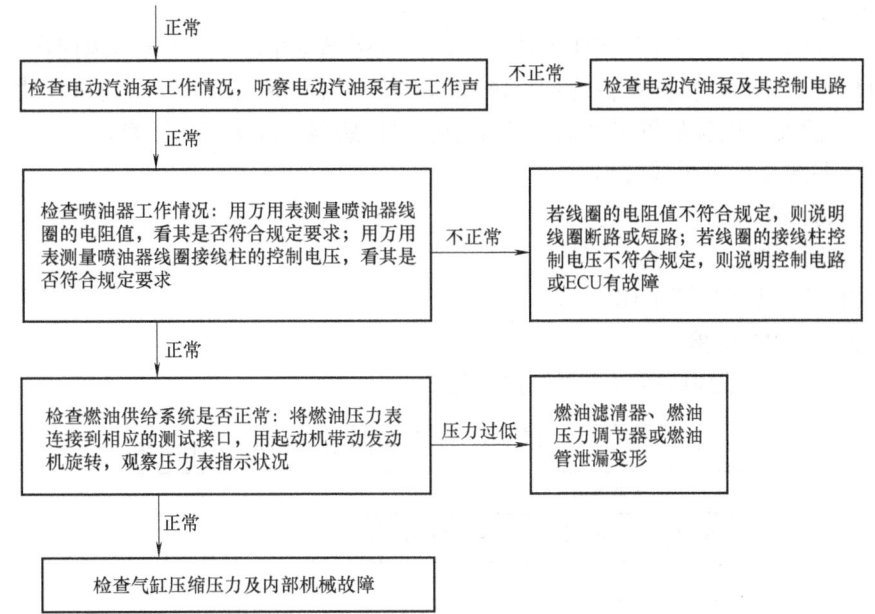

试题2 电喷发动机怠速不良故障的诊断与排除

一、考核要求
1）按程序进行汽车故障的诊断与排除。
2）能正确地分析判断结果。

二、考核时间
50min。

三、设备及设施准备

序号	名 称	单位	数量	备 注
1	电喷发动机汽车	辆	1	存在发动机怠速不良故障
2	点火正时灯	台	1	—
3	数字式万用表	块	1	—
4	燃油压力表	块	1	—
5	气缸压力表	块	1	—
6	常用工具、量具	套	1	—
7	X431型解码器	台	1	—
8	秒表	块	1	用于计时

四、配分与评分标准
同试题1。

五、故障现象
发动机在中速和高速时运转良好，但在松抬加速踏板后，会出现怠速过高或怠速运转不稳定，易熄火等现象。

六、故障原因

1）怠速控制阀堵塞或因积炭而卡住，怠速空气旁通道堵塞或节气门关闭不严。
2）氧传感器、冷却液温度传感器、进气温度传感器、空气流量计（进气压力传感器）、节气门位置传感器、曲轴位置传感器、凸轮轴位置传感器或开关信号不良。
3）点火系统点火过早或过迟。
4）进气管路漏气。
5）供油系统供油不正常。
6）EGR阀或活性炭罐工作不良。

七、故障诊断与排除

发动机怠速不良故障应按以下程序进行诊断。

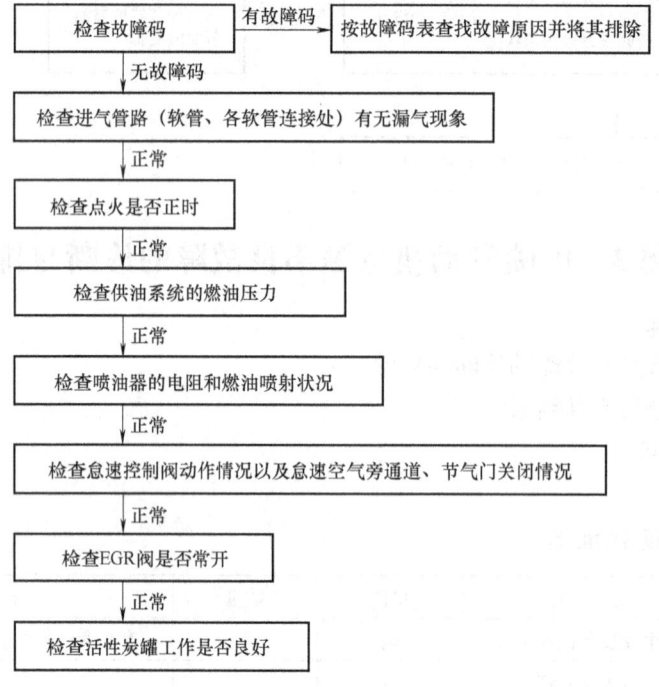

试题3　电喷发动机加速不良故障的诊断与排除

一、考核要求

1）按程序进行汽车故障的诊断与排除。
2）能正确地分析判断结果。

二、考核时间

50min。

三、设备及设施准备

序号	名称	单位	数量	备注
1	电喷发动机汽车	辆	1	存在发动机加速不良故障
2	点火正时灯	台	1	—
3	数字式万用表	块	1	—

第一章 发动机故障的诊断与排除

(续)

序号	名称	单位	数量	备注
4	燃油压力表	块	1	—
5	气缸压力表	块	1	—
6	常用工具、量具	套	1	—
7	X431型解码器	台	1	—
8	秒表	块	1	用于计时

四、配分与评分标准
同试题1。

五、故障现象
1) 急加速时,发动机的转速不能迅速提高,加速反应迟缓,甚至熄火。
2) 急加速时,排气管有短期"突突"声。

六、故障原因
1) 进气系统漏气。
2) 点火系统点火时间不正确。
3) 供油系统油压过低。
4) 节气门位置传感器工作不正常。
5) 喷油器工作不正常。
6) 废气再循环系统工作不正常。

七、故障诊断与排除
发动机加速不良故障应按以下程序进行诊断。

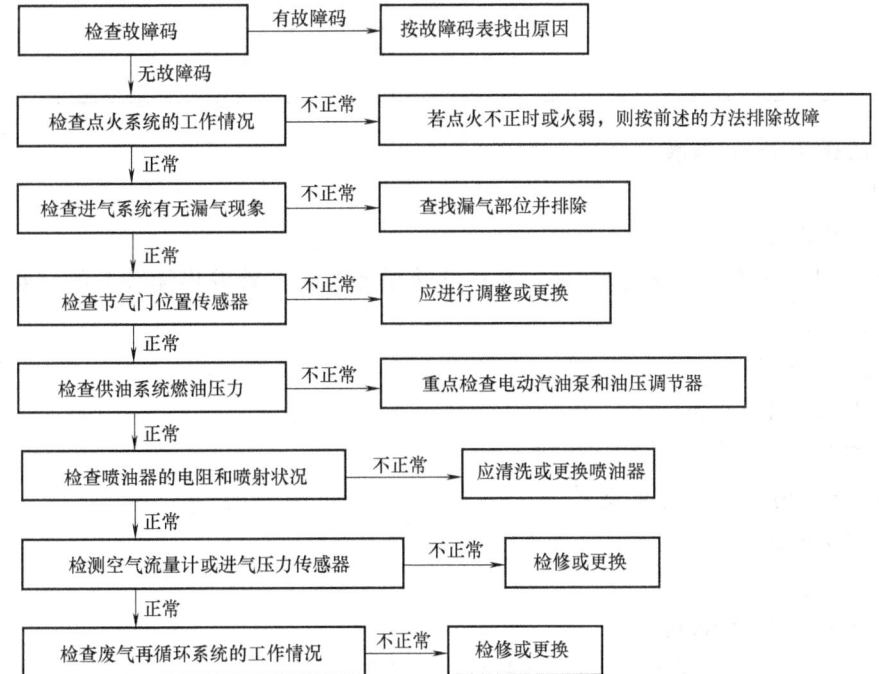

试题4　电喷发动机高速运转不良故障的诊断与排除

一、考核要求
1）按程序进行汽车故障的诊断与排除。
2）能正确地分析判断结果。

二、考核时间
50min。

三、设备及设施准备

序号	名　称	单位	数量	备　注
1	电喷发动机汽车	辆	1	存在发动机高速运转不良故障
2	点火正时灯	台	1	—
3	数字式万用表	块	1	—
4	燃油压力表	块	1	—
5	气缸压力表	块	1	—
6	常用工具、量具	套	1	—
7	X431型解码器	台	1	—
8	秒表	块	1	用于计时

四、配分与评分标准
同试题1。

五、故障现象
发动机在中速和低速时运转良好，而在高速运转时排气管发出无节奏的"突突"声，进气系统有时回火。

六、故障原因
1）供油系统油压过低。
2）喷油器工作不良。
3）发动机个别气缸工作不良。
4）进气系统漏气。
5）点火不正时。

七、故障诊断与排除
发动机高速运转不良故障应按以下程序进行诊断。

第一章　发动机故障的诊断与排除

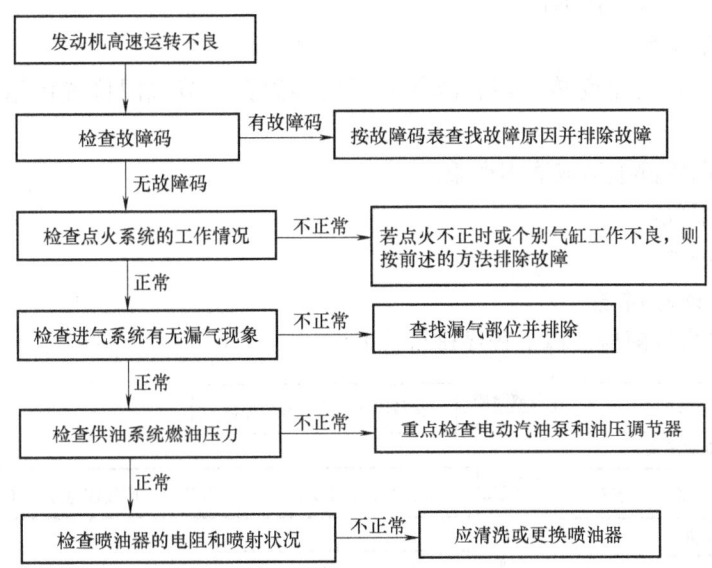

试题5　电喷发动机油耗过多故障的诊断与排除

一、考核要求

1）按程序进行汽车故障的诊断与排除。
2）能正确地分析判断结果。

二、考核时间

50min。

三、设备及设施准备

序号	名　称	单位	数量	备　注
1	电喷发动机汽车	辆	1	存在发动机油耗过多故障
2	点火正时灯	台	1	—
3	数字式万用表	块	1	—
4	燃油压力表	块	1	—
5	气缸压力表	块	1	—
6	常用工具、量具	套	1	—
7	X431型解码器	台	1	—
8	秒表	块	1	用于计时

四、配分与评分标准

同试题1。

五、故障现象

1）发动机冷车或热车时均难以起动，起动时伴随有"突噜、突噜"声，难以维持。
2）发动机过热，油耗明显增加。

六、故障原因

1）点火不正时。

2) 发动机个别气缸工作不良。

3) 空气滤清器阻塞。

4) 氧传感器、进气温度传感器、冷却液温度传感器、节气门位置传感器及其电路有故障。

5) 喷油器喷嘴内部损坏或磨损严重。

6) 进气系统漏气。

7) 供油系统漏油。

七、故障诊断与排除

发动机油耗过多故障应按以下程序进行诊断。

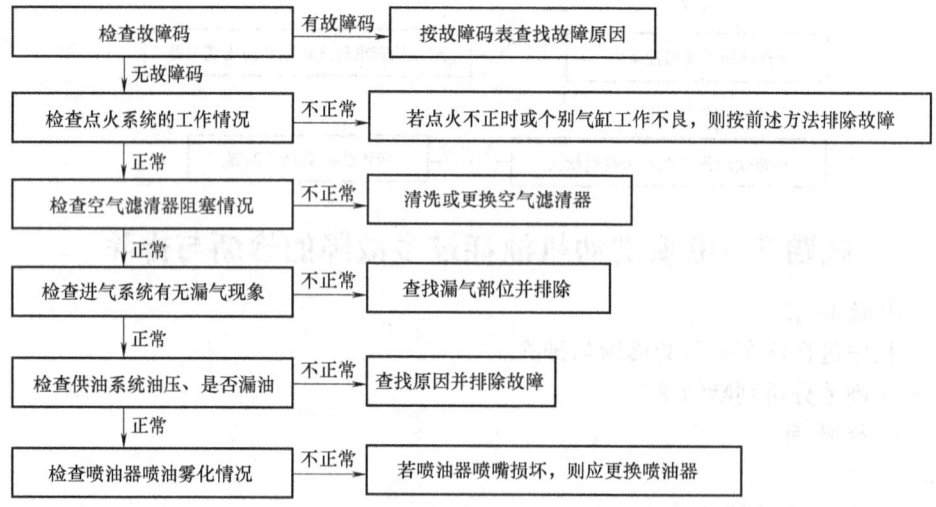

试题6 电喷发动机无怠速故障的诊断与排除

一、考核要求

1) 按程序进行汽车故障的诊断与排除。

2) 能正确地分析判断结果。

二、考核时间

50min。

三、设备及设施准备

序号	名　　称	单位	数量	备　　注
1	电喷发动机汽车	辆	1	存在发动机无怠速故障
2	点火正时灯	台	1	—
3	数字式万用表	块	1	—
4	燃油压力表	块	1	—
5	气缸压力表	块	1	—
6	常用工具、量具	套	1	—
7	X431型解码器	台	1	—
8	秒表	块	1	用于计时

第一章 发动机故障的诊断与排除

四、配分与评分标准
同试题1。

五、故障现象
1) 发动机在中速或高速时运转良好，但在松抬加速踏板后立即熄火。
2) 怠速状态下运转很不稳定，很快熄火。

六、故障原因
1) 怠速控制电路或开关信号不正常。
2) 怠速阀、怠速空气通道堵塞。
3) 氧传感器、空气流量计（进气压力传感器）及其控制电路有故障。
4) 进气管路漏气。

七、故障诊断与排除
发动机无怠速故障应按以下程序进行诊断。

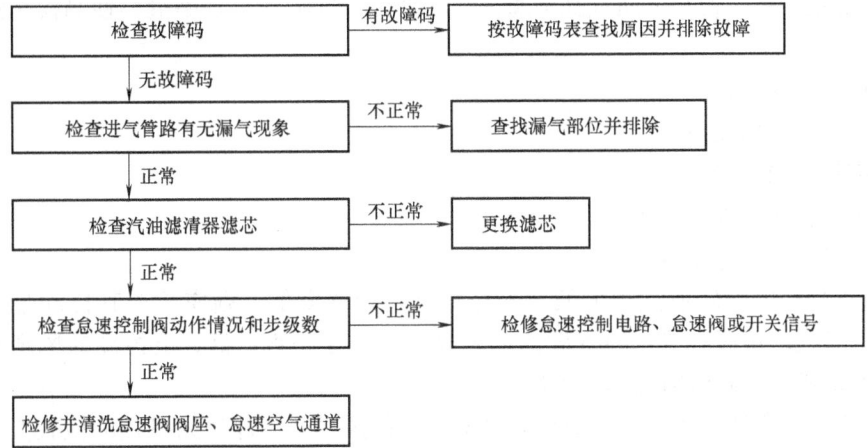

试题7　冷却液充足但发动机过热故障的诊断与排除

一、考核要求
1) 按程序进行汽车故障的诊断与排除。
2) 能正确地分析判断结果。

二、考核时间
50min。

三、设备及设施准备

序号	名　称	单位	数量	备　注
1	汽车	辆	1	存在冷却液充足但发动机过热故障
2	常用工具、量具	套	1	—
3	盆	个	1	—
4	秒表	块	1	用于计时

四、配分与评分标准
同试题1。

五、故障现象

1）发动机冷却液充足，但行驶过程中无力，冷却液温度超过规定值。
2）在汽车行驶过程中，发动机温度正常，但一停车冷却液立即沸腾。

六、故障原因

1）冷却风扇传动带打滑。
2）散热器出水胶管老化吸瘪或内壁脱层堵塞。
3）冷却风扇装反，扇叶角度变小，或新换的风扇规格不对。
4）电动冷却风扇不转，或硅油离合器损坏，风扇转速过低。
5）节温器失效。
6）水套内水垢过多，或分水管堵塞，分水不畅。
7）散热器内心管堵塞或散热片倾倒过多。
8）水泵损坏。
9）气缸垫烧穿，使相邻两气缸串通，或气缸体、气缸盖出现裂缝，使高温高压气体进入冷却系统。
10）点火时间过迟。
11）混合气过稀或过浓。
12）燃烧室内积炭过多。
13）车辆长时间大负荷工作。

七、故障诊断与排除

1）检查冷却风扇转速是否太低。若冷却风扇转速太低，则应检查其传动带是否因过松、油污、磨损严重而打滑；检查硅油风扇离合器工作是否良好，电控冷却风扇的热敏开关、直流电动机、控制电路工作是否良好。

2）若冷却风扇转速正常，则应检查冷却风扇的风量。冷却风扇风量的检查方法是：在冷却风扇转动状态下，将一张薄纸放在散热器前面，若纸被牢牢地吸住，则说明风量足够，否则应检查冷却风扇叶片方向是否装反、叶片角度是否正确、集风罩是否损坏等。

3）在风量充足的条件下，用手触试散热器和发动机的温度。若散热器温度低而发动机温度高，则说明冷却液循环不良。

逐渐提高发动机的转速，观察散热器出水胶管是否被吸瘪。若胶管被吸瘪，则说明散热器堵塞严重，应进行清洗。

若散热器出水管良好，则应拆下散热器的进水管，提高发动机的转速，此时冷却液应有力地排出，否则，说明水泵或节温器有故障。拆下节温器重复试验，若排水量明显增多，则应进一步检查节温器；若排水量不变，则应进一步检查水泵的工作性能是否正常、气缸体内的水垢是否过多等。

4）若散热器进水管冷却液排出有力，则应检查散热器各部位温度是否均匀。若散热器冷热极不均匀，则应检查散热器心管是否堵塞。

5）若以上检查正常，并且在冷却液温度过高的同时，发动机动力明显下降，则应检查点火时间是否正确，混合气是否过稀或过浓，进气门和排气门间隙是否过大，燃烧室内积炭是否过多等。

6）对于长期未清洗水垢的发动机，应检查水套内积垢是否过多。检查方法是：将冷却液全部放出，再加满冷却液并计量注入的冷却液的体积，若其体积比规定值明显减小，则减小的体积即为水垢所占据的容积。若水垢过多，则应进行清洗。

7）若发动机及冷却液温度正常，而冷却液温度表指示冷却液温度过高，则应检查冷却液温度表、传感器及控制电路是否正常。

试题8 发动机突然过热故障的诊断与排除

一、考核要求

1）按程序进行汽车故障的诊断与排除。
2）能正确地分析判断结果。

二、考核时间

50min。

三、设备及设施准备

序号	名　　称	单位	数量	备　　注
1	汽车	辆	1	存在发动机突然过热故障
2	常用工具、量具	套	1	—
3	盆	个	1	—
4	秒表	块	1	用于计时

四、配分与评分标准

同试题1。

五、故障现象

1）在汽车行驶过程中，冷却液温度表指针很快指示到最高位置。
2）在发动机冷起动后，冷却液温度迅速升高并产生沸腾现象，加足冷却液后转为正常。

六、故障原因

1）风扇传动带断裂或发动机固定支点松动移位。
2）节温器主阀门脱落。
3）水泵轴与叶轮松脱。
4）冷却系统严重漏水。
5）气缸垫损坏，水套与气缸沟通，高压气体进入散热器。
6）风扇离合器失灵。

七、故障诊断与排除

1）在汽车行驶途中，若发动机温度突然过高，则可同时观察电流表或充电指示灯的状态。若电流表同时指示不充电或充电指示灯常亮，则说明水泵传动带断裂，使发动机和水泵同时不工作，此时应更换水泵传动带。

2）停车后检查冷却风扇转动是否正常。若为硅油离合器或电磁离合器，则应检查离合器是否损坏；若为电控风扇，则应检查热敏开关、风扇电动机及其控制电路是否正常。

将发动机熄火，用手触摸发动机和散热器，若感觉发动机温度高而散热器温度低，则说明水泵轴与叶轮松脱或节温器失效，应更换新件；若感觉发动机与散热器温差不大，则应检查冷却液是否泄漏严重，并查找漏水部位，予以修复。

3) 在汽车行驶途中,若发动机温度升高,同时排气管有"突突"声,且发动机动力明显不足,则可停车检查排气管及散热器、火花塞等。若排气管冒白烟且排出水珠,散热器口向外溢水或排气泡,且呈沸腾状态,某些气缸火花塞电极处有水珠,则说明气缸垫烧穿或气缸盖破裂,应更换气缸垫或气缸盖。

4) 若冷车起动后温度迅速升高,冷却液沸腾,则可用手触散热器出水胶管。若感觉散热器出水胶管凉而硬,则说明放水不彻底或冷却液凝点过高而发生冻结。

试题9 机油消耗异常故障的诊断与排除

一、考核要求

1) 按程序进行汽车故障的诊断与排除。
2) 能正确地分析判断结果。

二、考核时间

50min。

三、设备及设施准备

序号	名　称	单位	数量	备　注
1	汽车	辆	1	存在机油消耗异常故障
2	常用工具、量具	套	1	—
3	秒表	块	1	用于计时

四、配分与评分标准

同试题1。

五、故障现象

1) 车辆行驶正常,但在每天检查机油时均发现机油消耗量过多。
2) 排气管冒蓝烟,机油加注口脉动冒烟。
3) 储气筒放气时油沫增多。
4) 燃烧室内积炭增多。

六、故障原因

1) 活塞与气缸壁间隙过大。
2) 活塞环弹力不足或磨损过量。
3) 将扭曲活塞环装反了。
4) 活塞环抱死或活塞环端隙对口。
5) 气门杆油封损坏。
6) 进气门导管与气门杆间隙过大。
7) 曲轴箱通风不良。
8) 正时齿轮室、曲轴前后油封、凸轮轴后端油堵等密封不严,漏油。
9) 油底壳或气门室盖密封不严,漏油。
10) 空气压缩机的活塞与气缸壁间隙过大。
11) 空气压缩机曲轴的前、后端盖漏油。
12) 润滑系统各零部件外漏。

七、故障诊断与排除

1）首先检查发动机及空气压缩机的外表是否有漏油痕迹。

① 检查发动机油底壳周围是否有漏油痕迹，若有漏油痕迹，则说明油底壳紧固螺栓松动或衬垫损坏，应紧固螺栓或更换衬垫。

② 检查发动机曲轴的前、后端是否有漏油痕迹，若有漏油痕迹，则应检查曲轴的前、后油封是否损坏，曲轴带轮与油封接触面磨损是否严重，后轴承盖的回油小孔是否被堵塞等。

③ 检查发动机气门室盖垫处是否有漏油痕迹，若有漏油痕迹，则应检查气门室盖螺栓是否松动，密封衬垫是否损坏等。

④ 检查润滑系统的其他部件是否有漏油痕迹，若有漏油痕迹，则应先紧固其紧固螺栓，再检查其密封垫是否损坏。

2）在上述检查过程中，若发现发动机多处有机油渗出，但又找不出明显的漏油处，则应检查曲轴箱的通风装置，清理曲轴箱通风管道中流量控制阀处的积炭和结胶。

3）若发动机外部无漏油痕迹，则应使发动机正常运转，检查排气管排出废气的颜色和机油加注口处是否有废气排出。

① 若排气管冒蓝烟，同时机油加注口也向外冒蓝烟，则说明活塞、活塞环与气缸壁磨损量过大，活塞环的端隙、背隙和边隙过大，多个活塞环的端隙对口，扭曲环装反等，使机油窜入燃烧室燃烧。

② 若排气管冒蓝烟，机油加注口不冒烟，而气门室罩向外窜烟，则应检查气门导管处的气门油封是否损坏，气门导管与气门杆的间隙是否过大等。

③ 若排气管所排废气颜色正常，则应拧松储气筒上的放油螺塞。若从放油螺塞处放出较多的机油，则说明空气压缩机的活塞、活塞环与气缸壁磨损严重。

4）在安装有机油散热器的发动机上，若在冷却系统中发现有机油，则应检查散热器的散热管是否有脱焊、腐蚀或破裂现象。

试题10 机油压力过低故障的诊断与排除

一、考核要求

1）按程序进行汽车故障的诊断与排除。
2）能正确地分析判断结果。

二、考核时间

50min。

三、设备及设施准备

序号	名称	单位	数量	备注
1	汽车	辆	1	存在机油压力过低故障
2	常用工具、量具	套	1	—
3	秒表	块	1	用于计时

四、配分与评分标准
同试题1。

五、故障现象
当发动机在正常温度和转速下运转时,机油压力表读数始终低于规定值。

六、故障原因
1)机油量不足或机油黏度太低。
2)机油粗滤器堵塞且旁通阀打不开;机油泵齿轮磨损、泵盖磨损或泵盖衬垫太厚,使供油压力过低;机油泵外壳裂缝漏油,机油泵轴与键销连接处断裂。
3)机油集滤器滤网堵塞或集滤器漏气。
4)内、外管路或放油螺塞处漏油,曲轴主轴承、连杆轴承或凸轮轴轴承间隙过大。
5)机油限压阀调整不当、关闭不严或弹簧折断;汽油泵膜片破裂使汽油漏入油底壳或燃烧室内未燃的气体漏入油底壳内,使机油的黏度下降。
6)气缸垫或气缸体损坏,使冷却液漏入油底壳,将机油稀释;机油压力表或其传感器连接导线断路或接触不良。

七、故障诊断与排除
在行车过程中,应随时观察机油压力表或机油压力过低警告灯,若发现机油压力为零或警告灯闪亮,则应立即熄火,停车检查。

1)拔出机油标尺,检查机油量及品质。若机油液位在"MIN"或"L"线以下,则说明机油量不足,应及时将机油加至标准;若机油颜色无变化而黏度降低,且有燃油气味,则说明机油中渗进了燃油;若机油呈乳浊状并有泡沫,则说明机油中渗入了水分,应先查明漏水部位并修复,再更换机油。

2)检查机油压力表和传感器的工作状况。检查压力表、传感器的连接导线是否松脱,若连接良好,则应将传感器端的导线拆下,并将其接地,接通点火开关,观察机油压力表的状态。若机油压力表的指针指示值急速上升,则说明机油压力表良好;若机油压力表指针不动,则应根据机油压力表的控制电路进行检查。

在机油压力表指示正常的条件下,检查传感器工作是否良好。测量传感器的电阻值,其值应符合要求。

3)若上述检查正常,则应拧松压力传感器,起动发动机,观察连接螺纹孔处机油流出的情况。若机油流出有力,则应进一步检查机油压力表的指示值是否准确;若机油流出无力,则应检查润滑系统工作部件的工作状况。

① 若机油限压阀安装在发动机气缸体的外部,则可停熄发动机,将其拆卸下来并检查限压阀的技术状况,即检查限压阀的调整弹簧是否太软、折断或调整不当,限压阀柱塞磨损是否严重、钢球密封是否严密。

② 检查机油滤清器的滤芯是否堵塞、旁通阀是否发卡或堵塞。

③ 拆下油底壳,检查机油集滤器滤网是否过脏,机油泵限压阀的技术状况是否良好,各连接管路是否漏油,机油泵的工作性能是否正常等。

4)若发动机已接近或超过大修间隔里程,则应检查曲轴主轴承、连杆轴承、凸轮轴轴承间隙是否过大,检查其他压力润滑部位的零件配合间隙是否过大等。

试题11 机油压力过高故障的诊断与排除

一、考核要求
1) 按程序进行汽车故障的诊断与排除。
2) 能正确地分析判断结果。

二、考核时间
50min。

三、设备及设施准备

序号	名　　称	单位	数量	备　　注
1	汽车	辆	1	存在机油压力过高故障
2	常用工具、量具	套	1	—
3	秒表	块	1	用于计时

四、配分与评分标准
同试题1。

五、故障现象
1) 接通点火开关,机油压力表即产生压力指示。
2) 当发动机在正常温度和转速运转时,机油压力表读数始终高于规定值。
3) 在发动机运转过程中,机油压力突然升高。

六、故障原因
1) 机油黏度过大。
2) 限压阀调整不当或移动犯卡。
3) 通往各摩擦表面的分油道内有积垢,造成堵塞。
4) 曲轴主轴承、连杆轴承或凸轮轴轴承间隙过小。
5) 机油压力表或传感器工作不良。
6) 机油粗滤器滤芯堵塞且旁通阀开启困难。

七、故障诊断与排除
在发动机运转过程中,若发现机油压力过高,则应熄火排除故障,否则易冲坏机油滤清器及其连接处。

1) 在发动机运转过程中,若机油压力突然升高,但没有其他异常现象,则应首先检查机油压力传感器上的导线是否接地。可接通点火开关,但不起动发动机,观察机油压力表指针是否指示最大值。若机油压力表指针指示最大值,则故障由导线接地引起;若机油压力表指针指示零值,则应检查机油滤清器的滤芯是否堵塞,限压阀柱塞或钢球是否卡死,限压阀弹簧是否过硬等。

2) 在发动机运转过程中,若机油压力表指示值始终偏高,则应接通点火开关,检查机油压力表的指针是否指零。若机油压力表指针不指在零位,则应先拆下机油压力传感器上的导线,再检查机油压力表指针的指示状态。若机油压力表指针仍有指示,则说明机油压力表工作不良;若机油压力表指针指示零,则说明压力传感器有故障。

3) 检查机油的黏度是否过大,若机油黏度过大,则应更换规定牌号和规格的机油。

4）检查机油压力限压阀是否调整不当或不能开启。

5）若过高的机油压力冲坏机油滤清器的密封垫，而机油压力表的读数却较低，则说明机油粗滤器的滤芯堵塞且旁通阀开启困难或气缸体上的油道堵塞。此时，应首先清洗或更换机油滤清器滤芯，再清洁旁通阀、限压阀及气缸体上的油道，若仍不能排除故障，则应调整限压阀。

6）对于新装的发动机，若曲轴主轴承、连杆轴承或凸轮轴轴承间隙过小，则会引起机油压力偏高。

第二章 底盘故障的诊断与排除

试题1 离合器打滑故障的诊断与排除

一、考核要求
1) 按程序进行汽车故障的诊断与排除。
2) 能正确地分析判断结果。

二、考核时间
50min。

三、设备及设施准备

序号	名 称	单位	数量	备 注
1	汽车	辆	1	存在离合器打滑故障
2	常用工具、量具	套	1	—
3	卡尺	把	1	—
4	离合器打滑频闪测定仪或正时灯	台	1	—
5	秒表	块	1	用于计时

四、配分与评分标准

序号	作业项目	考核内容及要求	配分	评分标准	考核记录	扣分	得分
1	正确选用工具、量具	选用的工具、量具齐全并准确	5	缺一件扣1分,选错一件扣1分,扣完为止			
2	根据故障现象,分析故障原因	用正确的方法确认故障,分析产生故障的原因,说出至少3种主要原因	25	故障确认不准确扣5~10分,分析原因不相关扣4~15分,每少说1项主要原因扣5分,扣完为止			
3	诊断故障	用正确的方法诊断故障	30	诊断方法错误扣5~10分,诊断步骤每错一步扣5~10分,诊断结果错误不得分			
4	排除故障	用正确的方法排除故障	20	不能排除故障扣10分			
				自制一处故障扣5分			
5	验证排除效果	按照要求验证故障排除效果	5	验证方法不当扣1~5分,不进行验证扣5分			
6	正确使用工具、量具	工具、量具使用正确	5	一种工具、量具使用不正确扣1分,扣完为止			
				损坏或丢失一件工具、量具不得分			

（续）

序号	作业项目	考核内容及要求	配分	评分标准	考核记录	扣分	得分
7	操作规程	操作规程执行情况	5	违反操作规程不得分			
8	清理现场	清理、擦洗并回收工具和量具	5	少回收一件工具或量具扣1分，扣完为止			
				未回收不得分			
9		分数总计	100				

否定项说明：无

五、故障现象

1）在汽车起步时，完全放松离合器踏板，汽车仍不能行走。
2）在汽车加速时，车速和发动机转速不同步。
3）在汽车重载、上坡时，离合器打滑较明显，严重时可嗅到离合器摩擦片的焦臭味。

六、故障原因

1）离合器踏板自由行程过小或没有自由行程，使压盘处于半分离状态。
2）压紧弹簧或膜片弹簧过软或折断。
3）摩擦片磨损严重、表面硬化、铆钉外露或摩擦片沾有油污。
4）离合器盖、飞轮连接螺栓松动。
5）离合器分离杠杆高度调整不当，其内端不在同一个平面上。
6）离合器压盘磨损严重或变形。

七、故障诊断与排除

1）检查离合器踏板自由行程，若不符合要求，则应予以调整。
2）若离合器踏板自由行程符合要求，则应拆下离合器底盖，检查离合器盖、飞轮连接螺钉是否松动，若松动，则应予以紧固。
3）若离合器盖、飞轮连接螺钉无松动，则检查离合器分离杆内端高度是否一致。若离合器分离杆内端高度不符合要求，则应调整分离杆的高度。
4）若经上述检查后状况良好，则应拆下离合器总成，检查离合器摩擦片。若离合器摩擦片磨损严重或铆钉外露，则应更换离合器摩擦片；若离合器摩擦片有油污，则应用汽油将其清洗干净并烘干，然后找出油污来源，并予以排除。
5）若离合器摩擦片良好，则应分解离合器，检查压紧（或膜片）弹簧。若压紧（或膜片）弹簧变形或弹力过弱，则应予以更换。
6）检查离合器压盘或发动机飞轮表面的平面度误差。若离合器压盘或发动机飞轮表面变形过大，则应予以修理或更换。

试题2　离合器发响故障的诊断与排除

一、考核要求

1）按程序进行汽车故障的诊断与排除。
2）能正确地分析判断结果。

二、考核时间

50min。

三、设备及设施准备

序号	名　　　称	单位	数量	备　　注
1	汽车	辆	1	存在离合器发响故障
2	常用工具、量具	套	1	—
3	弹簧试验器	个	1	—
4	钢直尺	把	1	—
5	秒表	块	1	用于计时

四、配分与评分标准

同试题1。

五、故障现象

1）在发动机怠速运转的情况下，踩下或松抬离合器踏板时有异响。

2）有时无论踩下离合器踏板还是松抬离合器踏板，都有异响。

六、故障原因

1）分离轴承损坏或分离轴承润滑不良。

2）从动盘减振弹簧折断或松旷，摩擦片破裂、铆钉松动或外露，花键毂铆钉松动。

3）分离杠杆与离合器盖连接松旷，分离杠杆支撑弹簧疲劳、折断或脱落。

4）分离杠杆或其支架销及孔磨损松旷。

5）分离杠杆调整螺栓因过长而碰撞分离杠杆。

6）离合器踏板回位弹簧或分离轴承座回位弹簧过软、折断或脱落。

7）分离轴承与分离杠杆内端没有间隙。

8）离合器盖上的驱动窗孔与压盘上的凸块配合松旷。

9）离合器压盘与离合器盖连接松旷或双片离合器的中间压盘销孔与传动销磨损松旷。

七、故障诊断与排除

1）让发动机怠速运转，使离合器处于接合状态，用脚钩或用手拉离合器踏板，观察其是否有回程，若有回程且响声消失，则说明离合器踏板回位弹簧弹力不足、折断或脱落，应更换或装复回位弹簧。

2）检查离合器踏板的自由行程是否符合标准。

3）起动发动机并使其怠速运转，轻轻踩下离合器踏板，使分离轴承与分离杠杆内端恰好接触，若此时发出"沙沙"声，则说明分离轴承润滑不良或损坏，应加注或更换润滑油。

4）将离合器踏板踩到底，若听到"哗哗"的金属滑磨声，则应拆下离合器底盖察看。若分离轴承不转，甚至有火花，则说明分离轴承损坏，应予以更换。

5）若在踩下离合器踏板的过程中并无响声，但将离合器踏板踩到底时发出"咔啦、咔啦"声，且响声随着发动机转速的升高而加重，中速稳定运转时响声明显减弱，抬起离合器踏板后响声消失，则说明离合器压盘与离合器盖连接松旷，双片离合器的中间压盘销孔与传动销磨损松旷，应拆下离合器，进行修复。

6）在汽车运行过程中，若离合器在接合或分离的瞬间，发出一种"咔"或"吭"的响声,特别是在重载车起步时尤为明显,则说明从动盘花键毂与变速器第一轴配合松旷或从动盘减振弹簧折断或松旷,应视具体情况更换从动盘或变速器第一轴。

7)刚调整过分离杠杆的离合器,若在发动机运转时发出有节奏的"嗒嗒"响声,且响声随着发动机转速的升高而加重,则说明分离杠杆调整螺栓因过长而碰撞分离杠杆,此时可用手砂轮将调整螺栓过长的一段磨去。

8)当刚踩下或刚抬起离合器踏板时,即离合器处于恰要分离或恰要接合的时刻,若听到有"咔嗒"的碰击声,则说明从动盘摩擦片或从动盘与花键毂的铆钉松动,应更换从动盘;若听到有金属刮研声,则说明从动盘摩擦片的铆钉外露,应更换从动盘。

试题3 手动变速器掉挡故障的诊断与排除

一、考核要求
1)按程序进行汽车故障的诊断与排除。
2)能正确地分析判断结果。

二、考核时间
50min。

三、设备及设施准备

序号	名称	单位	数量	备注
1	汽车	辆	1	存在手动变速器掉挡故障
2	常用工具、量具	套	1	—
3	秒表	块	1	用于计时

四、配分与评分标准
同试题1。

五、故障现象
在汽车行驶过程中,变速器自动跳至空挡位置。自动掉挡一般发生在中、高速且负荷突然变化或车辆剧烈振动时。

六、故障原因
1)变速器与离合器壳紧固螺栓松动。
2)变速器自锁装置失效。
3)变速杆变形。
4)变速器换挡拨叉翘曲变形或严重磨损,致使齿轮挂挡时挂不到位。
5)同步器磨损严重或损坏。
6)变速器齿轮、齿套磨损过量,沿齿长方向形成锥形。
7)变速器输出轴花键齿与滑动齿轮或接合套花键齿槽因磨损而松旷。
8)轴承磨损严重,松旷,使齿轮不能正确啮合而上下摆动。
9)变速器中间轴轴向间隙过大。

七、故障诊断与排除
1)检查变速器与离合器壳体的紧固螺栓是否松动,若松动,则应予以紧固。
2)若变速器与离合器壳体的紧固螺栓不松动,则应拆下变速器盖,检查齿轮、齿套是

第二章 底盘故障的诊断与排除

否磨成锥形。检查滑动齿轮和输出轴花键的磨损与配合情况,若磨损严重或配合松动,则应更换磨损严重的零部件。

3）若上述检查正常,则检查变速杆、拨叉是否磨损或变形,如果有磨损或变形现象,则应予以修复或更换。

4）若拨叉和变速杆正常,则应检查自锁装置,察看其凹槽是否磨损严重。若自锁装置凹槽磨损严重,则应予以更换。

5）若上述检查均正常,则应将变速器拆下进行解体,检查轴承是否松旷。若轴承松旷,则应予以更换。

6）检查齿轮的轴向间隙和径向间隙。若齿轮轴向间隙和径向间隙超过规定极限,则应予以更换。

7）若轴承不松旷,则应检查同步器是否散架,衬套和锥环是否磨损、破碎。若同步器损坏,衬套和锥环有磨损、破碎现象,则应更换同步器、衬套和锥环。

8）若仍未发现故障,则应检查变速器输出轴与发动机的同轴度是否超限。在检查时,应先旋松变速器紧固螺栓,挂上直接挡,松开驻车制动器,转动发动机,观察变速器与离合器壳的接触面是否一致。若同轴度超限,则应更换输入轴前轴承。

试题4 手动变速器乱挡故障的诊断与排除

一、考核要求
1）按程序进行汽车故障的诊断与排除。
2）能正确地分析判断结果。

二、考核时间
50min。

三、设备及设施准备

序号	名　称	单位	数量	备　注
1	汽车	辆	1	存在手动变速器乱挡故障
2	常用工具、量具	套	1	—
3	秒表	块	1	用于计时

四、配分与评分标准
同试题1。

五、故障现象
1）在换挡时,挂不上所需要的挡位或挂上挡后不能脱回空挡。
2）挂入的挡位与应挂入的挡位不符。
3）一次挂入两个挡位。

六、故障原因
1）变速操纵机构互锁装置损坏,不起作用。
2）变速杆弯曲变形,球节磨损量过大,限位销松旷或折断。
3）拨叉导块凹槽和变速杆下端的工作面磨损严重,使变速杆从两个导块之间滑出。
4）输出轴前端滚针轴承烧结,使输入轴和输出轴连成一体。

5）同步器损坏，同步器锥环卡在锥面上。

七、故障诊断与排除

1）若变速杆能任意转动，则说明其球节限位销磨短或脱落，或球节面严重磨损，应予以修理或更换。

2）若变速器同时能挂入两个挡位，输出轴卡住不转，则应拆下变速器盖，检查和修理变速器互锁装置。

3）若变速器不能挂入所需要的挡位，或挂挡后不能脱回空挡，则应拆下变速杆，检查其下端弧形工作面和拨叉导块凹槽磨损量是否过大。若弧形工作面和拨叉导块凹槽磨损量过大，则应予以修理。

4）若只有直接挡和空挡能行驶，而其他挡均不能行驶，则应拆下变速器，检查输出轴前端滚针轴承是否烧结。若输出轴前端烧结，则应予以更换。

5）检查同步器的导块是否与同步器锁环卡滞（锁环式惯性同步器）。

试题 5　手动变速器异响故障的诊断与排除

一、考核要求

1）按程序进行汽车故障的诊断与排除。

2）能正确地分析判断结果。

二、考核时间

50min。

三、设备及设施准备

序号	名　称	单位	数量	备　注
1	汽车	辆	1	存在手动变速器异响故障
2	常用工具、量具	套	1	—
3	秒表	块	1	用于计时

四、配分与评分标准

同试题1。

五、故障现象

汽车变速杆置于空挡或挂上某一挡位行驶时，有异响。

六、故障原因

1）变速器缺油或油质变坏。

2）轴承磨损松旷或损坏。

3）齿轮磨损过量，使啮合间隙过大。

4）齿轮齿面金属剥落，轮齿断裂或修理后装配错位。

5）输入轴、输出轴弯曲变形。

6）同步器弹簧失效，锁块脱落。

7）变速杆下端工作面与拨叉凹槽磨损松旷。

8）变速器定位不准、装配松动或操纵机构连接部位松动。

七、故障诊断与排除

1）若汽车行驶过程中有金属摩擦声，用手摸变速器壳时有烫手的感觉，则应检查变速器的油质和油量。

2）若将变速杆放到空挡位置，在发动机怠速运转时有异响，踏下离合器踏板后响声消失，则应拆下变速器，检查输入轴后轴承和常啮合齿轮，对严重磨损或损坏的零部件，应予以修理或更换。

3）若汽车在起步或换挡时，变速器发出强烈的金属摩擦声，而声音在离合器完全接合后消失，则应检查变速器输入轴前轴承。若变速器轴入轴前轴承磨损松旷，则应予以更换。

4）若空挡时无异响，当挂入某一挡位时产生异响，则应检查该挡位的齿轮啮合情况，必要时应予以修理或更换。

5）若变速器在汽车以低速挡行驶时有异响，但在汽车以高速挡行驶时响声减弱或消失，则应检查变速器输出轴后轴承是否松旷。若变速器轴出轴后轴承松旷，则应予以更换。

6）若变速器在汽车以直接挡行驶时无异响，而以其他挡行驶时均有异响，则应检查变速器中间轴轴承和输出轴前端轴承。若变速器中间轴轴承和轴出轴前端轴承磨损松旷，则应予以更换。

7）若变速器在汽车以各挡位行驶时均有异响，且加速时异响更为明显，则应分解变速器，检查变速器壳体、轴、齿轮、花键是否磨损或变形，必要时应进行修理或更换。

8）当汽车行驶在不平路面上时，变速杆摆动且出现无节奏的响声，用手把住变速杆时，响声即可消失。在这种情况下，应检查拨叉凹槽或变速杆下端工作面的磨损情况。若拨叉凹槽或变速杆下端工作面磨损量过大，则应予以修复或更换。

试题6　万向传动装置发抖故障的诊断与排除

一、考核要求
1）按程序进行汽车故障的诊断与排除。
2）能正确地分析判断结果。

二、考核时间
50min。

三、设备及设施准备

序号	名　　称	单位	数量	备　　注
1	汽车	辆	1	存在万向传动装置发抖故障
2	常用工具、量具	套	1	—
3	秒表	块	1	用于计时

四、配分与评分标准
同试题1。

五、故障现象
在汽车以中、高速行驶时，传动轴出现异响，并且车速越高响声越大，当达到某一车速时，车身、车门及转向盘出现强烈振动，若此时脱挡滑行，则振动更为剧烈，降到中速时振动又消失，此时传动轴异响仍然存在。

六、故障原因
1）传动轴弯曲。

2）传动轴轴管凹陷、平衡片脱落或未按标记装配。
3）中间支承轴承支架的橡胶垫环隔套磨损松旷。
4）传动轴万向节十字轴回转中心与传动轴同轴度超差。
5）变速器第二轴花键与凸缘花键槽磨损松旷或凸缘锁紧螺母松动。
6）传动轴花键齿与键槽配合严重松旷。
7）传动轴凸缘与轴管焊接时位置歪斜，或焊接后未进行动平衡试验或校正。

七、故障诊断与排除

1）在汽车以中、高速行驶时，若传动轴出现"呼噜、呼噜"的响声，而且车速越快响声越大，则应在停车后，将后桥支起（前轮支好三脚架），挂入高速挡，检视传动轴的摆振情况。当车速突然下降时，观察传动轴，诊断过程如下图所示。

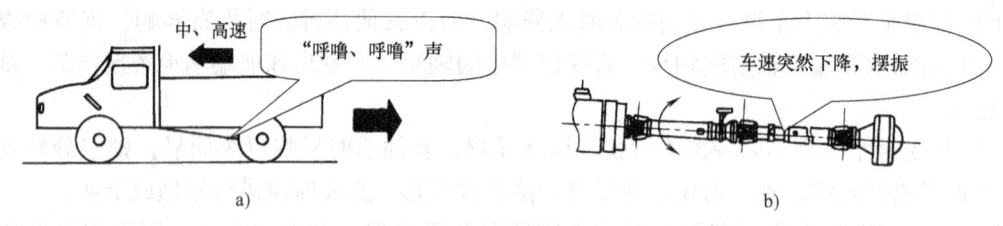

▲出现"呼噜、呼噜"响声时的诊断
a）汽车以中、高速行驶 b）支起后桥试验

若摆振较大，则按下述步骤进行操作。
① 检查传动轴的装配标记是否对正，若标记不对正，则应重新装配传动轴。
② 检查传动轴的平衡块是否脱落，若脱落，则应对传动轴做动平衡试验，重新加装平衡块。
③ 检查传动轴是否弯曲，若传动轴弯曲度过大，则应予以校正。

2）使发动机停止运转，放松驻车制动器，用手握住驻车制动器或制动鼓附近的中间传动上下晃动，检查制动盘或制动鼓是否松旷。

若制动盘或制动鼓松旷，则说明变速器第二轴花键与凸缘花键槽磨损松旷或凸缘锁紧螺母松动，应予以修复或紧固。

3）拉紧驻车制动器，用两手握住传动轴来回转动，若有松旷感，则说明传动轴花键齿与键槽配合松旷或各连接螺栓松动，万向节十字轴与轴承磨损松旷、碎裂，应进一步检查各部位，并予以紧固或更换相关零部件。

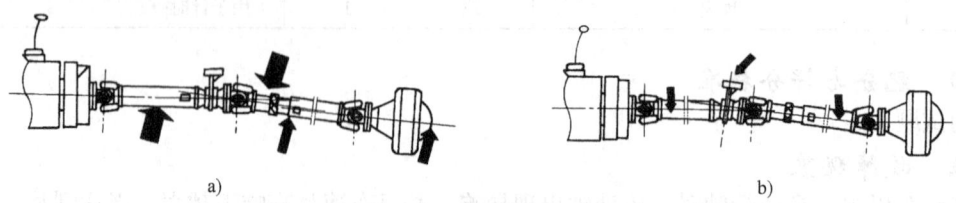

▲检查传动轴中间支承架的安装位置是否正确
a）正确 b）歪斜

4）若传动轴运转时发出连续振响，则应将发动机熄火后用手握住中间支承架附近的中间传动轴上下晃动，若有松旷感，则说明中间支承轴承支架的橡胶垫环与隔套间隙过大，应

第二章 底盘故障的诊断与排除

更换橡胶垫环。

5）检查传动轴中间支承架的安装位置是否正确。若中间支承架固定螺栓松动，则应予以紧固；若中间支承架歪斜，则应予以纠正。

6）若以上检查均正常，则应检查传动轴万向节十字轴回转中心与传动轴同轴度是否超差，并调整十字轴的轴向间隙（应保证两端加垫的厚度相等）。

试题7 转向沉重故障的诊断与排除

一、考核要求
1）按程序进行汽车故障的诊断与排除。
2）能正确地分析判断结果。

二、考核时间
50min。

三、设备及设施准备

序号	名称	单位	数量	备注
1	EQ1092型汽车	辆	1	存在转向沉重故障
2	常用工具、量具	套	1	—
3	轮胎气压表	块	1	—
4	转向参数测量仪	台	1	—
5	秒表	块	1	用于计时

四、配分与评分标准
同试题1。

五、故障现象
在汽车行驶过程中，转动转向盘时感到沉重费力，在转弯后又不能及时回正方向。

六、故障原因

1. 转向器方面的原因

1）转向器缺乏润滑油。
2）转向轴弯曲或转向轴管凹陷碰擦，有时会发出"吱吱"的摩擦声。
3）转向摇臂与衬套配合间隙过小或无间隙。
4）转向器输入轴上下轴承调整过紧，或轴承损坏受阻。
5）转向器啮合间隙调整得太小。

2. 转向传动机构的原因

1）各处球销缺乏润滑油。
2）转向直拉杆和横拉杆上球销调整过紧，压紧弹簧过硬或折断。
3）转向直拉杆或横拉杆弯曲变形。
4）转向节主销与衬套配合间隙过小，或衬套转动使油道堵塞，润滑油无法进入，进而使衬套与转向节主销烧蚀。
5）转向节推力轴承调整得太紧，缺少润滑油或损坏。
6）转向节臂变形。

3. 前桥（转向桥）和车轮方面的原因

1）前轴变形、扭转，引起前轮定位失准。
2）轮胎气压不足。
3）前轮轮毂轴承调整得太紧。
4）转向桥或驱动桥超载。

4. 其他部位的原因

1）车架弯曲，扭转变形。
2）前钢板弹簧或前悬架变形。
3）前轮定位不正确。

七、故障诊断与排除

1）顶起前桥，转动转向盘，若感到转向盘变轻，则说明故障部位在前桥、车轮或其他部位。此时应首先检查轮胎气压，若轮胎气压偏低，则应对其充气，使之达到正常值。接下来应用前轮定位仪检查前轮的定位情况，尤其应注意后倾角和前束值，如果是由前束值过大造成的转向沉重，则同时还能发现轮胎严重磨损。

2）若转向仍沉重，则说明故障在转向器或转向传动机构，可进一步拆下转向摇臂与直拉杆的连接。此时若转向变轻，则说明故障在转向传动机构，应检查各球头销是否装配得太紧或推力轴承是否因缺油而损坏，各拉杆是否弯曲变形等。通常在检查时，可用手扳动两个车轮左右转动，察看各传动部分，并转动车轮，检查车轮轴承松紧度。

3）在拆下转向摇臂后，若转向仍沉重，则说明转向器本身有故障，可检查转向器是否缺油，转动转向盘时倾听有无转向轴与柱管的碰擦声，检查并调整转向器主动轴上下轴承预紧度和啮合间隙，以及转向摇臂轴转动时是否发卡等。若仍不能解决问题，则将转向器解体，检查转向器内部有无部件损坏。

4）经过上述检查，若仍不见转向减轻，则可检查车桥、车架或下控制臂（独立悬架式）与转向节臂，看其有无变形现象，若发现变形，则应予以修整或更换。同时检查前弹簧（板簧或螺旋弹簧），看其是否折断，若折断，则应予以更换。

试题8 高速摆头故障的诊断与排除

一、考核要求

1）按程序进行汽车故障的诊断与排除。
2）能正确地分析判断结果。

二、考核时间

50min。

三、设备及设施准备

序号	名　　称	单位	数量	备　　注
1	EQ1092 型汽车	辆	1	存在高速摆头故障
2	常用工具、量具	套	1	—
3	前轮定位仪	台	1	—
4	轮胎动平衡仪	台	1	—
5	秒表	块	1	用于计时

四、配分与评分标准
同试题1。

五、故障现象
汽车转向盘发抖，车头在横向平面内左右摆动，行驶不稳等。有下面两种情况：
1）在高速范围内某一速度时出现上述现象。
2）转速越高，上述现象越严重。

六、故障原因
1）转向轮动不平衡。
2）前轮定位不正确。
3）车轮偏摆量大。
4）转向传动机构运动干涉。
5）车架、车桥变形。
6）悬架装置出现故障：左右悬架刚度不等，弹簧折断，减振器失效，导向装置失效等。

七、故障诊断与排除
1）外观检查
① 检查减振器是否失效，若减振器漏油或失效，则应予以更换。
② 检查左右悬架弹簧是否折断，刚度是否一致，若有折断或弹力减弱，则应予以更换。
③ 检查悬架弹簧是否固定可靠，转向传动机构有无运动干涉等，若有，则应予以排除。
2）支起驱动桥，用三脚架塞住非驱动轮，起动发动机并逐步换入高速挡，使驱动轮达到车身摆振的车速。
① 若此时车身和转向盘出现抖动，则说明传动轴严重弯曲或松旷，转向轮动不平衡或偏摆量大（前驱动）。
② 若此时车身和转向盘不抖动，则说明故障为车架、车桥变形或前轮定位不正确。
3）检查前轮是否偏摆
① 支起前桥，在前轮轮辋边上放一根划针，然后慢慢地转动车轮，察看轮辋偏摆量是否过大，若轮辋偏摆量过大，则应予以更换。
② 拆下前轮，在车轮动平衡仪上检查前轮的动平衡情况，若前轮不平衡量过大，则应加装平衡块予以平衡。
4）若经上述检查后均正常，则应检查车架、车桥是否变形，并用前轮定位仪检查调整前轮定位。

试题9 动力转向系统转向沉重故障的诊断与排除

一、考核要求
1）按程序进行汽车故障的诊断与排除。
2）能正确地分析判断结果。

二、考核时间
50min。

三、设备及设施准备

序号	名称	单位	数量	备注
1	汽车	辆	1	存在动力转向系统转向沉重故障
2	常用工具、量具	套	1	—
3	前轮定位仪	台	1	—
4	轮胎动平衡仪	台	1	—
5	秒表	块	1	用于计时

四、配分与评分标准
同试题1。

五、故障现象
装有动力转向系统的汽车，在行驶中突然转向沉重。

六、故障原因
一般是由液压转向助力系统失效或助力不足造成的，其根本原因在于转向系统液压不足。引起转向系统液压不足的主要原因有：
1）储油罐缺油或油位低于规定要求。
2）液压回路中渗入了空气。
3）液压泵传动带过松或打滑。
4）各油管接头处密封不良，有泄漏现象。
5）油路堵塞或滤油器中污物太多。
6）液压泵磨损，内部泄漏严重。
7）液压泵安全阀泄漏，弹簧弹力减弱或弹簧弹力调整不当。
8）动力缸或转向控制阀密封损坏。

七、故障诊断与排除
1）检查转向液压泵驱动部分的情况
① 用手压下转向液压泵传动带，检查传动带的张紧度，若传动带过松，则应予以调整。
② 起动发动机，使发动机怠速运转，然后突然提高发动机的转速，检查转向液压泵传动带有无打滑现象，并检查其他驱动形式的齿轮传动有无损坏，发现问题后应按规定更换性能不良的部件。

2）检查储油罐内的油液质量和液位，若油液变质，则应重新更换规定的油液；若只是液位低于规定高度，则应加油，使油位达到规定值。

3）检查储油罐内的滤清器
① 若发现滤网过脏，则说明滤清器堵塞，应清洗滤网。
② 若发现滤网破裂，则说明滤清器损坏，应更换滤网。

4）检查油路中是否渗入空气，如果发现储油罐中的油液有气泡，则说明油路中有空气渗入，应检查各油管接头和接合面的螺栓是否松动，各密封件是否损坏、有无泄漏现象，以及油管是否破裂等。对于出现故障的部位，应进行修整，并进行排气操作，最后重新加入油液。

5）检查各油管接头等处有无泄漏现象，油路是否堵塞，查明故障后应按规定力矩拧紧有关接头或清除污物。

6) 对转向液压泵进行输出油压检查，如果液压泵输出压力不足，则说明液压泵有故障，此时应分解液压泵，检查液压泵是否磨损，液压泵内部泄漏是否严重，溢流阀是否泄漏或卡滞，弹簧弹力是否减弱或调整不当，各轴承是否烧结或严重磨损等。对于叶片泵，还应检查转子上的密封环或油封是否损坏；对于齿轮泵，应检查齿轮间隙是否过大等。在查明故障后应予以修理，必要时应更换液压泵。

试题10　车身倾斜、方向跑偏故障的诊断与排除

一、考核要求
1) 按程序进行汽车故障的诊断与排除。
2) 能正确地分析判断结果。

二、考核时间
50min。

三、设备及设施准备

序号	名　　称	单位	数量	备　注
1	EQ1092型汽车	辆	1	存在车身倾斜、方向跑偏故障
2	常用工具、量具	套	1	—
3	举升器	台	1	—
4	轮胎动平衡机	台	1	—
5	轮胎气压表	块	1	—
6	卷尺	只	1	—
7	秒表	块	1	用于计时

四、配分与评分标准
同试题1。

五、故障现象
1) 汽车停放在平坦的地面上时，车身倾斜。
2) 汽车行驶时，方向自动跑偏且有异响。

六、故障原因
1) 两前轮的气压不一致。
2) 两前轮轮胎磨损情况不一致。
3) 钢板弹簧折断（非独立悬架）。
4) 钢板弹簧弹力过小或刚度不一致（非独立悬架）。
5) 钢板弹簧销、衬套和吊耳磨损严重（非独立悬架）。
6) 前后桥变形或U形螺栓松动（非独立悬架）。
7) 螺旋弹簧弹力不足（独立悬架）。
8) 稳定杆变形（独立悬架）。
9) 上下摆臂变形（独立悬架）。
10) 各铰接点磨损、松旷（独立悬架）。

11)减振器漏油或失效。

七、故障诊断与排除

1)将汽车停放在平坦的地面上检查

① 检查两前轮气压是否一致,若不一致,则应充气,使轮胎气压达到标准值。

② 检查两前轮轮胎磨损情况是否一致,若不一致,则应更换磨损严重的轮胎。

③ 检查悬架弹簧是否折断或弹力减弱,若折断或弹力减弱,则应更换悬架弹簧。

④ 测量前、后桥的左、右轮中心距是否相等,若不相等,则说明悬架弹簧紧固螺栓松动或折断,造成前、后桥的左、右轮移位,此时应紧固或更换悬架弹簧紧固螺栓。

2)将车辆架起,使钢板弹簧处于自由状态,用撬棒在其吊耳处撬动钢板弹簧,若感觉松旷量很大,则说明钢板销与衬套的配合间隙过大,应予以更换。

3)检查减振器是否漏油或失效,若减振器漏油或失效,则应予以更换。

4)用手推拉横向稳定杆、转向拉杆、减振器上下端各连接部位,检查是否有松旷现象,若有松旷现象,则说明各连接部位的橡胶套磨损严重,应予以更换。

5)检查悬架弹簧的效能:将车辆架起,使弹簧处于自由状态,测量钢板弹簧弧高或螺旋弹簧的伸长量,若有一侧相差过大,则说明悬架弹簧疲劳失效,应予以更换。

试题11 前轮摆动故障的诊断与排除

一、考核要求

1)按程序进行汽车故障的诊断与排除。

2)能正确地分析判断结果。

二、考核时间

50min。

三、设备及设施准备

序号	名称	单位	数量	备注
1	EQ1092型汽车	辆	1	存在前轮摆动故障
2	常用工具、量具	套	1	—
3	举升器	台	1	—
4	轮胎动平衡机、前轮定位仪	台	1	—
5	轮胎气压表	块	1	—
6	卷尺	只	1	—
7	秒表	块	1	用于计时

四、配分与评分标准

同试题1。

五、故障现象

汽车行驶中,在达到某一速度时,前轮出现发抖、摆振现象。

六、故障原因

1)轮辋的钢圈螺栓松动。

2)前悬架的螺栓(螺母)松动。

3)前轮毂轴承磨损或松旷。
4)车轮轮辋偏摆。
5)车轮不平衡。
6)下摆臂(梯形臂)的球头销(球接头)磨损或松动。
7)转向横拉杆球头销磨损或松动。
8)前轮定位角不正确。

七、故障诊断与排除

1)如果轮辋的钢圈螺栓松动,则需要按规定力矩和顺序紧固钢圈螺栓。
2)如果前悬架的螺栓(螺母)松动,则需要紧固转向节、前减振器及下摆臂(梯形臂)的紧固螺栓(螺母)。
3)如果前轮毂轴承磨损、松旷,则应更换轴承。
4)如果车轮轮辋偏摆,则需要更换轮辋。
5)如果车轮不平衡,则需要用轮胎动平衡机将车轮调平衡。
6)如果下摆臂(梯形臂)的球头销(球接头)磨损或松动,则需要更换球头销(球接头)。
7)如果转向横拉杆球头销磨损或松动,则需要更换球头销。
8)如果前轮定位角不正确,则需要用前轮定位仪检查和校正前轮的前束和外倾角。

试题12 气压制动失效故障的诊断与排除

一、考核要求

1)按程序进行汽车故障的诊断与排除。
2)能正确地分析判断结果。

二、考核时间

50min。

三、设备及设施准备

序号	名　　称	单位	数量	备　注
1	EQ1092型汽车	辆	1	存在气压制动失效故障
2	常用工具、量具	套	1	—
3	千斤顶	个	1	—
4	塞尺	把	1	—
5	轮胎气压表	块	1	—
6	卡尺	把	1	—
7	前束尺	把	1	—
8	卷尺	只	1	—
9	前轮定位仪	台	1	—
10	气泵	台	1	—
11	秒表	块	1	用于计时

四、配分与评分标准

同试题1。

五、故障现象

1）汽车在行驶中气压制动时，不能减速或停车。
2）在使用一次或几次气压制动器后，气压制动器突然不起作用。

六、故障原因

1）在气压制动器内进水、涉水后，没有及时将水排除干净，导致制动失灵。
2）空气压缩机传动带断裂或严重打滑。
3）空气压缩机损坏。
4）空气压缩机至储气筒或储气筒至制动控制阀间的管路或接头漏气。
5）制动踏板至制动控制阀间的拉臂脱节。
6）制动踏板自由行程过大，使制动阀打不开。
7）制动控制阀推杆卡死。

七、故障诊断与排除

1）首先检查气压表有无指示，检查储气筒内有无压缩空气。

① 若气压表指示为零，储气筒内无压缩空气，则首先检查空气压缩机传动带的状况。若传动带断裂，则应更换传动带；若传动带打滑，则应调整传动带的张紧度。然后拆下空气压缩机出气管，起动发动机，检查压气情况。若空气压缩机不压气，则说明空气压缩机气阀密封不良或弹簧折断及松压阀失效。若空气压缩机良好，则检查其与储气筒及储气筒至制动控制阀之间的管路是否漏气。若气管接头松动漏气，则应予以紧固；若气管破裂，则应予以更换。

② 若气压表指示正常，储气筒内有压缩空气，则说明故障在制动控制装置。

2）检查制动踏板与制动阀拉臂是否脱节，若脱节，则应予以修复。

3）踩下制动踏板，若气压表读数不下降或下降很小，则首先检查制动踏板自由行程。若制动踏板自由行程过大，则制动阀的进气阀打不开，应予以调整。然后检查制动阀拉臂的活动情况。若制动阀拉臂不动，则说明制动阀推杆卡死，应拆检修理制动阀。

试题13 气压制动跑偏故障的诊断与排除

一、考核要求

1）按程序进行汽车故障的诊断与排除。
2）能正确地分析判断结果。

二、考核时间

50min。

三、设备及设施准备

序号	名称	单位	数量	备注
1	EQ1092型汽车	辆	1	存在气压制动跑偏故障
2	常用工具、量具	套	1	—
3	千斤顶	个	1	—
4	塞尺	把	1	—
5	轮胎气压表	块	1	—

(续)

序号	名称	单位	数量	备注
6	卡尺	把	1	—
7	前束尺	把	1	—
8	卷尺	只	1	—
9	前轮定位仪	台	1	—
10	气泵	台	1	—
11	秒表	块	1	用于计时

四、配分与评分标准
同试题1。

五、故障现象
1）制动时，汽车向一侧偏驶。
2）制动时，只有紧握转向盘，才能使车辆保持直线行驶。

六、故障原因
该故障主要由左、右两侧制动力或制动时间不一致所致，具体原因为：
1）左、右两轮轮胎气压不一致。
2）左、右两轮制动间隙不一致。
3）左、右两轮制动蹄与制动鼓的接触面积不一致。
4）一侧前轮制动器进水或有油污。
5）一侧前轮制动鼓变形严重或磨出沟槽。
6）左、右两轮制动凸轮转角相差太大。
7）左、右两轮制动气室推杆外露长度不一，伸张长度不等。
8）左、右两轮制动软管与制动器室膜片新旧程度不一样。
9）前轮负前束。
10）两钢板弹簧弹力不等，车架变形或前桥移位等。

七、故障诊断与排除
1）在良好的路面上，对车辆进行紧急制动试验，若各车轮的拖印基本一致，而在正常行驶中不踩制动踏板也出现跑偏，则故障的原因同行驶跑偏的原因一样。

① 检查左、右车轮的轮胎气压、花纹和磨损程度。若轮胎气压不一致，则应按规定给轮胎充气；若轮胎花纹不一致或某侧轮胎磨损严重，则应更换轮胎。

② 检查前悬架弹簧的状况，若前悬架弹簧有折断或弹力不等现象，则应更换前悬架弹簧。

③ 检查前、后桥的轴距，若前、后桥不平行，则说明悬架弹簧折断错位或紧固螺栓松动，应更换悬架弹簧或拧紧紧固螺栓。

④ 检查车架是否变形，若车架变形，则应予以校正。

2）若制动时各车轮拖印不一致，特别是左、右车轮的拖印不一致，汽车向一侧跑偏，则说明方向相反的一侧车轮制动力不足或制动过晚。此时可一人踩制动踏板，另一人检查该轮制动气室和制动器状况。

① 察听有无漏气声，若有漏气声，则说明制动气室膜片破裂，气管或接头漏气，应予

以更换或修理。

② 检查制动气室推杆的伸缩情况，若推杆弯曲或发卡，则应予以修理。

③ 支起车轮，拆下制动器检视孔盖观察，若制动器间隙过大，则应予以调整；若制动蹄摩擦片上有油污，则应予以清洗。

④ 拆检制动器

- 检查摩擦片状况，若摩擦片磨损过甚、硬化或铆钉外露，应更换摩擦片。
- 检查制动蹄回位弹簧状况，若制动蹄回位弹簧有折断或弹力减弱现象，应予以更换。
- 测量制动鼓的圆度和圆柱度，若制动鼓的圆度和圆柱度已超差，应予以镗削。
- 检查制动臂和制动蹄的转动是否灵活，若制动臂和制动蹄的转动有发卡现象，应润滑制动臂和制动蹄。

3）若汽车在制动时，忽而向左跑偏，忽而向右跑偏，则应进行如下检查。

① 检测前轮前束，若前轮前束不符合规定，则应进行调整。

② 检查转向横直拉杆球头销是否松旷，若松旷，则说明转向横直拉杆球头销调整过松或磨损严重，应予以调整或更换。

试题14　气压制动拖滞故障的诊断与排除

一、考核要求

1）按程序进行汽车故障的诊断与排除。
2）能正确地分析判断结果。

二、考核时间

50min。

三、设备及设施准备

序号	名称	单位	数量	备注
1	EQ1092型汽车	辆	1	存在气压制动拖滞故障
2	常用工具、量具	套	1	—
3	千斤顶	个	1	—
4	秒表	块	1	用于计时

四、配分与评分标准

同试题1。

五、故障现象

1）汽车起步困难，行驶无力。
2）汽车行驶一定里程后，制动鼓发热，滑行距离缩短。

六、故障原因

1）制动踏板无自由行程。
2）制动连动杆发卡或回位弹簧过软，使制动踏板不能回位。
3）制动阀故障。
4）制动器故障。
5）其他方面原因，如轮毂轴承松动、半轴套管松动等。

七、故障诊断与排除

1) 首先对车辆进行路试，在路试过程中要有意地使用制动器。当行驶一定里程后，停车检查各车轮制动鼓的温度，若发现个别车轮制动鼓发热，则说明该车轮制动拖滞；若发现全部制动鼓发热，则说明全车制动拖滞。

2) 若发现个别制动鼓发热，则可由一人在驾驶室内连续踩下、抬起制动踏板，另一人在该车轮处观察制动气室推杆的动作情况。

① 若推杆回位缓慢或不回位，则拆下该车轮制动调整臂。若此时推杆回位慢，则说明推杆弯曲、发卡或制动气室弹簧折断，制动气室内油污严重，应进行修理或清洗；若此时推杆回位正常，则说明制动臂凸轮轴润滑不良，应加注润滑脂。

② 若推杆回位正常，则支起车轮，进行以下检查。

- 检查制动器间隙，若制动器间隙过小，则应予以调整。
- 进行轴向推拉车轮试验，若感觉松旷，则说明该车轮轮毂轴承松旷，应调整轴承预紧度。
- 检查制动蹄回位情况，若制动蹄回位慢或不回位，则说明制动蹄回位弹簧折断或弹力减弱，制动蹄支承销与支承销轴润滑不良，应予以更换或润滑。

3) 若发现全部制动鼓都发热，则应检查制动操纵机构的工作状况。

① 踩下、抬起制动踏板，观察制动踏板的回位情况。若制动踏板不能完全回位，则说明制动连动杆发卡或制动踏板轴润滑不良，应予以修复或润滑。

② 检查制动踏板自由行程是否符合要求。若制动踏板自由行程过小，则说明制动阀的排气阀开度过小，应予以调整。

③ 踩下制动踏板并迅速抬起，察听制动阀的排气声音。

- 若制动阀排气迅速，则说明故障在车轮制动器，应进行全面检查。
- 若制动阀排气缓慢，且拖的时间太长，则说明排气阀排气不畅，应拆检制动阀，检查排气阀的排气间隙，排气阀回位弹簧是否折断、弹力是否太小或阀面是否有胶质等，应根据具体情况予以调整或更换。

试题15　液压制动失效故障的诊断与排除

一、考核要求

1) 按程序进行汽车故障的诊断与排除。
2) 能正确地分析判断结果。

二、考核时间

50min。

三、设备及设施准备

序号	名　称	单位	数量	备　注
1	桑塔纳2000型轿车	辆	1	存在液压制动失效故障
2	常用工具、量具	套	1	—
3	千斤顶	个	1	—
4	秒表	块	1	用于计时

四、配分与评分标准
同试题1。

五、故障现象
在汽车行驶过程中，踩下制动踏板，车辆不减速，即使连续踩几次制动踏板也无明显减速作用。

六、故障原因
1）制动踏板至制动主缸的连接件松脱。
2）制动液储液室无制动液或严重缺制动液。
3）制动管路断裂而漏油。
4）制动主缸皮碗破裂。

七、故障诊断与排除
1）踩制动踏板，检查制动踏板与制动主缸是否有连接感，若无连接感，则说明制动踏板至制动主缸的连接件松脱，应将其修复。
2）踩下制动踏板，若没有阻力感，则检查制动主缸至制动轮缸的制动软管或金属管是否断裂而漏油。若其断裂漏油，且主缸内的制动液在此之前已全部推出，则应更换制动软管或金属管。
3）若踩下制动踏板后感到很轻，仅稍有阻力感，则应观察制动液储液室内的液位。若制动液储液室内无制动液或严重缺制动液，则应添加制动液至规定位置。
4）若踩下制动踏板后虽然感到有一定的阻力，但是制动踏板位置保持不住，明显下沉，则可检查制动主缸后部是否漏油，若漏油，则说明制动主缸皮碗破裂，应予以更换。

试题16 液压制动不良故障的诊断与排除

一、考核要求
1）按程序进行汽车故障的诊断与排除。
2）能正确地分析判断结果。

二、考核时间
50min。

三、设备及设施准备

序号	名称	单位	数量	备注
1	汽车	辆	1	存在液压制动不良故障
2	常用工具、量具	套	1	—
3	千斤顶	个	1	—
4	秒表	块	1	用于计时

四、配分与评分标准
同试题1。

五、故障现象
1）在汽车行驶过程中，踩一次制动踏板不能减速或停车，连续踩几次制动踏板效果也不好。

2）当汽车紧急制动时，制动距离太长。

六、故障原因

1）制动踏板自由行程太大。
2）制动液不足，储液室内液位太低。
3）制动液内进水或混进其他液体。
4）制动管路内进入空气或产生气阻。
5）制动总泵或制动分泵的活塞磨损严重，配合松旷。
6）制动皮碗老化，密封不良。
7）制动总泵的进油孔、补偿孔堵塞，造成油压不够。
8）制动软管老化，过软。
9）管路或接头泄漏。
10）制动器方面的原因，同气压制动系统一样。
11）真空助力器各真空管路接头松动、脱落，管路有破裂处。
12）真空助力器的膜片破裂或者密封圈密封不良。
13）真空助力器单向阀密封不良。
14）真空助力器控制阀不良。
15）真空助力器辅助缸活塞磨损严重。
16）真空助力器辅助缸活塞皮碗不密封。
17）真空助力器辅助缸单向球阀不密封。

七、故障诊断与排除

1）检查储液室中制动液液位是否符合要求，若液位低于下线或在"MIN"线以下，则说明制动液液位太低，制动系统某处漏油或制动蹄摩擦片磨损，应恢复并添加制动液至规定位置。

2）若连续踩几次制动踏板都能踩到底，且感觉阻力很小，则应进行以下检查：

① 检查制动踏板联动机构是否松脱，若松脱，则应予以修复。
② 检查制动管路是否漏油，若漏油，则说明制动软管破裂或制动管路与接头漏油等。
③ 检查制动主缸活塞是否有不回位现象，若不回位，则说明活塞发卡或皮碗、皮圈发胀变形，应进行更换。

3）连续踩几次制动踏板，制动踏板能迅速升高，然后踩住制动踏板并保持一定的位置不动。

① 若踩住制动踏板后，制动踏板高度不降低，则说明制动踏板自由行程过大或制动器间隙过大，应予以调整。
② 若踩住制动踏板后，制动踏板高度逐渐下降，则应进行以下检查：
  • 检查制动管路及制动轮缸是否漏油，若漏油，则应更换制动管路或制动轮缸。
  • 检查制动主缸是否有回油现象，若回油严重，则说明制动主缸密封圈密封不严，应更换密封圈或制动主缸。

4）若踩制动踏板时，感觉较软（轻）且有弹力，则说明制动系统中有空气，应排尽制动系统中的空气并添加制动液。

5）对于装有真空助力器的汽车，若踩制动踏板时需用较大的力，而且感觉很硬（沉），则应进行以下检查。

① 拆下真空助力器真空管接头,用手堵住真空助力器真空管,检查真空助力器真空管是否有真空吸力。若真空助力器真空管无真空吸力,则说明真空助力器真空管破裂或与进气管的接头松动而漏气,应予以更换或紧固。

② 用真空表接在真空助力器上,检查真空助力器是否有真空度。若真空助力器无真空度,则说明真空助力器膜片破裂,应更换真空助力器膜片或真空助力器。

③ 检查真空助力器单向阀是否失效,若失效,则应予以更换。

④ 用放气或压缩空气吹的方式,检查制动管路是否堵塞,若堵塞,则应予以更换。

⑤ 支起车轮,用力踩制动踏板,若车轮还能转动,则说明制动蹄或制动钳发卡,应检查修复。

6) 若制动力不足,而且伴随制动踏板向上反弹、顶脚现象,则说明辅助缸活塞磨损严重,辅助缸活塞、皮碗不密封,辅助缸单向球阀不密封。

7) 若上述检查均正常,则应拆检车轮制动器。

① 检查制动器内是否有油污,若有油污,则应予以清洗。

② 检查制动摩擦片状况,若制动摩擦片磨损严重、硬化或露铆钉,则应予以更换。

③ 检查制动盘或制动鼓的状况,若制动盘磨损严重或有严重沟槽,则应更换制动盘;若制动鼓圆度误差过大、磨损严重或有严重沟槽,则应更换制动鼓。

试题17　液压制动拖滞故障的诊断与排除

一、考核要求

1) 按程序进行汽车故障的诊断与排除。
2) 能正确地分析判断结果。

二、考核时间

50min。

三、设备及设施准备

序号	名　　称	单位	数量	备　　注
1	汽车	辆	1	存在液压制动拖滞故障
2	常用工具、量具	套	1	—
3	千斤顶	个	1	—
4	秒表	块	1	用于计时

四、配分与评分标准

同试题1。

五、故障现象

抬起制动踏板后,全部或个别车轮的制动作用不能立即完全解除,从而对车辆重新起步、加速行驶或滑行造成影响。

六、故障原因

1) 制动踏板无自由行程,制动踏板拉杆系统不能回位。
2) 制动总泵回位弹簧折断或失效。

3）制动总泵回油孔被污物堵塞，密封圈发胀或发黏并与泵体卡死。
4）通往分泵的油管凹瘪或堵塞。
5）制动盘摆差过大。
6）前制动器的密封圈损坏，造成活塞不能正常复位。
7）前、后制动分泵密封圈发胀或发黏并与泵体卡死。
8）鼓式制动器的制动蹄回位弹簧折断或过软。
9）鼓式制动器的制动蹄摩擦片破裂或铆钉松动。
10）鼓式制动器的制动鼓严重失网。

七、故障诊断与排除

1. 将汽车支起，在未踩制动踏板的情况下，用手转动车轮

1）若某一车轮转不动，则说明该车轮制动器拖滞。
2）若全部车轮转不动，则说明全部车轮制动器拖滞。

2. 个别车轮制动器拖滞

放松该轮制动轮缸的放气螺钉，若制动液急速喷出，且车轮能旋转自如，则说明该轮制动管路堵塞，制动轮缸未能回油，应更换制动管路；若车轮还转不动，则应拆下车轮，解体检查制动器。

（1）对于盘式制动器
① 旋转检查制动盘，若制动器摆差过大，则应予以磨削或更换。
② 拆检制动轮缸，若制动轮缸活塞发卡或密封圈损坏，则应更换活塞或密封圈。

（2）对于鼓式制动器
① 检查制动蹄摩擦片状况，若制动蹄摩擦片破裂或铆钉松动，则应更换制动蹄摩擦片。
② 检查制动器间隙自调装置，若损坏，则应予以更换。
③ 检查制动蹄回位弹簧，若折断或弹力减弱，则应更换回位弹簧。
④ 检查制动轮缸，若制动轮缸活塞发卡或密封圈损坏，则应更换活塞或密封圈。

3. 全部车轮制动器拖滞

1）检查制动踏板自由行程是否符合要求，若制动踏板自由行程过小，则应予以调整。
2）检查制动踏板的回位情况：用力将制动踏板踩到底并迅速抬起，若制动踏板回位缓慢，则说明制动踏板回位弹簧失效或制动踏板轴发卡，应予以更换或修复。
3）打开制动液储液室盖，由一人连续踩制动踏板，另一人观察制动主缸的回油情况。
① 若制动主缸不回油，则说明制动主缸回油孔堵塞，应予以清洗和疏通。
② 若制动主缸回油缓慢，则说明制动液过脏或变质，应予以更换。
4）若上述检查结果均正常，则可由一人踩下制动踏板，另一人拧松任意一颗放气螺钉。此时若有制动液喷出，且全车制动拖滞消除，则说明制动主缸活塞或皮碗、密封圈发卡，应更换故障零件或制动主缸。

试题 18　制动防抱死失效故障的诊断与排除

一、考核要求

1）按程序进行汽车故障的诊断与排除。
2）能正确地分析判断结果。

二、考核时间

50min。

三、设备及设施准备

序号	名称	单位	数量	备注
1	汽车	辆	1	存在制动防抱死失效故障
2	常用维修工具、量具	套	1	—
3	举升器	台	1	—
4	秒表	块	1	用于计时

四、配分与评分标准

同试题1。

五、试题分析

当制动防抱死控制系统的警告灯持续点亮，或感觉制动防抱死控制系统工作不正常时，应及时对系统进行故障诊断和排除。只有按照一定的步骤诊断和排除故障，才能取得良好的效果。该故障的诊断和排除一般包括四个步骤：初步检查、故障自诊断、快速检查和故障指示灯诊断。

六、故障诊断与排除

1）确认故障情况和故障症状。

2）对系统进行直观检查，即检查是否有制动液渗漏、导线破损、插头松脱和制动液液位低等现象。

3）读解故障码。既可以用解码器直接读解，也可以先通过警告灯读取故障码，再根据维修手册查找故障码所代表的故障。

4）根据读解的故障情况，利用必要的工具和仪器对故障部位进行深入检查，确诊故障部位和故障原因。

5）排除故障。

6）清除故障码。

7）检查警告灯是否仍然持续点亮。如果警告灯仍然持续点亮，则可能是系统中仍有故障，也有可能是故障已被排除而故障码未被清除。

8）在警告灯不再持续点亮后，进行路试，以确认系统是否恢复正常工作。

9）如果故障警告灯亮着不熄，则再按以下方法检查。

① 检验驻车制动器是否完全释放。

② 检查制动液液位是否在规定的范围内。

③ 检查ABS电脑导线插头、插座的连线是否良好，插接器及导线是否合适。

④ 检查下列导线插接器和导线的连接或接触是否良好：

- 液压调节器上的电磁阀体插接器。
- 液压调节器上的主控制阀插接器。
- 连接压力警告开关和压力控制开关的插接器。
- 制动液液位指示开关插接器。
- 四轮车速传感器的插接器。

● 电动泵插接器。

⑤ 检查所有的继电器、熔丝是否完好，插接是否牢固。

⑥ 检查蓄电池容量和电压是否在规定范围内；检查蓄电池正、负极导线的连接是否牢靠，连接处是否清洁。

⑦ 检查 ABS 电脑、液压控制装置灯的接地端接触是否良好。

⑧ 检查轮胎面纹槽的深度是否符合规定。

第三章 电气故障的诊断与排除

试题1 电子点火系统高压无火故障的诊断与排除

一、考核要求
1) 按程序进行汽车故障的诊断与排除。
2) 能正确地分析判断结果。

二、考核时间
50min。

三、设备及设施准备

序号	名称	单位	数量	备注
1	汽车	辆	1	存在电子点火系统高压无火故障
2	常用工具、量具	套	1	—
3	塞尺	把	1	—
4	数字式万用表	块	1	—
5	秒表	块	1	用于计时

四、配分与评分标准

序号	作业项目	考核内容及要求	配分	评分标准	考核记录	扣分	得分
1	正确选用工具、量具	选用的工具、量具齐全并准确	5	缺一件扣1分,选错一件扣1分,扣完为止			
2	根据故障现象,分析故障原因	运用正确的方法确认故障,分析产生故障的原因,说出至少3种主要原因	25	故障确认不准确扣5~10分,分析原因不相关扣4~15分,每少说1项主要原因扣5分,扣完为止			
3	诊断故障	用正确的方法诊断故障	30	诊断方法错误扣5~10分,诊断步骤每错一步扣5~10分,诊断结果错误不得分			
4	排除故障	运用正确的方法排除故障	20	不能排除故障扣10分			
				自制一处故障扣5分			
5	验证排除效果	按照要求验证故障排除效果	5	验证方法不当扣1~5分,不进行验证扣5分			
6	正确使用工具、量具	工具、量具使用正确	5	一种工具、量具使用不正确扣1分,扣完为止			
				损坏或丢失一件工具、量具不得分			

第三章 电气故障的诊断与排除

（续）

序号	作业项目	考核内容及要求	配分	评分标准	考核记录	扣分	得分
7	操作规程	操作规程执行情况	5	违反操作规程不得分			
8	清理现场	清理、擦洗并回收工具和量具	5	少回收一件工具或量具扣1分,扣完为止			
				未回收不得分			
9		分数总计	100				

否定项说明:无

五、故障现象

1）用起动机带动发动机旋转时，发动机转动轻快但不能起动。

2）拔出分电器上的中心高压线，使其端头距离气缸体 8 mm，接通点火开关，转动曲轴，进行放电试验，但无高压火花。

六、故障原因

1）点火线圈损坏。

2）信号发生器损坏。

3）中央高压线断芯、脱落或漏电。

4）电子点火器损坏。

5）低压电路断路或短路。

七、故障诊断与排除

1）用万用表电阻挡测量中央高压线的电阻值，其值应不大于 $25k\Omega$。若电阻值正常，则测量点火线圈二次绕组的电阻值及绝缘情况。若测量结果仍正常，则应检查低压电路。

2）低压电路的检查。接通点火开关，用万用表电压挡测量点火线圈正极接线柱与搭铁处之间的电压值。若该电压值为零，则说明故障在点火线圈以前的电路中；若该电压等于电源电压，则说明故障在点火线圈、电子点火器或信号发生器。

拆去点火线圈上的连接导线，用万用表电阻挡测量初级绕组的电阻值及绝缘情况，其电阻值一般为 $1.3 \sim 1.7\Omega$。若电阻值不符合标准，则应更换点火线圈；若电阻值符合标准，则应分别检查点火信号发生器、电子点火器。

试题2 灯光系统故障的诊断与排除

一、考核要求

1）按程序进行汽车故障的诊断与排除。

2）能正确地分析判断结果。

二、考核时间

50min。

三、设备及设施准备

序号	名　　称	单位	数量	备　　注
1	汽车	辆	1	灯光系统有故障
2	万用表	块	1	—
3	试灯	个	1	—
4	蓄电池	块	1	—
5	导线	根	若干	—
6	开关	个	若干	—
7	秒表	块	1	用于计时

四、配分与评分标准

同试题1。

五、故障现象

照明灯不亮，前照灯灯光暗淡，前照灯远近灯光不良，前照灯一侧不亮；打开灯控开关，熔丝烧断；转向灯不亮或不全亮，转向灯闪光频率不正常，转向灯单边闪光亮度失常。

六、故障原因

导线松动、接触不良、断路、短路，充电系统电压调整过高而使灯泡烧毁等。

七、故障诊断与排除

1. 断路故障的诊断与排除

打开灯控开关，照明灯不亮，说明该照明电路中出现了故障，应按以下方法诊断。

（1）试灯法　先将仪表照明灯灯泡焊接出两根端线做试灯，再将试灯的一根端线接发动机的机体或车架（搭铁），打开灯控开关，把试灯的另一根端线与蓄电池到该试灯之间连线上的各点依次相接触，直到触及某一点后试灯不亮为止，则断路处即在试灯亮处和试灯不亮处之间。找出断路处，将其接牢、包扎好。

（2）万用表测量法　先将万用表挡位选择开关拨至直流电压合适挡位，然后使其"−"表笔接地，"＋"表笔在控制开关打开的情况下，依次测量蓄电池到该灯之间连线上的各点电压，若电压检测正常，则断路处发生在有电压指示和无电压指示的两个被测点之间的这段电路中。找出断路处，将其接牢、包扎好。

2. 短路故障的诊断和排除

打开灯控开关，熔丝立即烧断，说明该照明电路中出现了短路故障，应按以下方法诊断。

（1）试灯法　首先断开导线与灯及灯开关连接处的导线，将试灯一端与蓄电池的"＋"极相连，把试灯的另一端与接灯的导线接头相连，若试灯亮，则说明有短路故障存在。此时，应逐个拆开从灯控开关到灯之间导线上的各个接点，若试灯灭，则短路故障发生在拆开接点与上一个接点之间的导线上。找出短路处，并予以修复。

（2）万用表测量法　将万用表挡位选择开关拨至电阻 $R×1\Omega$ 挡，任选一表笔接地，另一表笔与接灯的导线接头相连，如果万用表显示电阻值为零，则说明有短路故障存在。此时，应逐个拆开从灯控开关到灯之间导线上的各个接点，如果万用表显示电阻值为无穷大，则故障发生在电阻值为零时拆开的接点与上一个拆开的接点之间的连接导线上。找出短路处，并予以修复。

试题3　空调不供暖或暖气不足故障的诊断与排除

一、考核要求

1）按程序进行汽车故障的诊断与排除。

2）能正确地分析判断结果。

二、考核时间

50min。

三、设备及设施准备

序号	名　　称	单位	数量	备　　注
1	汽车	辆	1	存在空调不供暖或暖气不足故障
2	空调维修专业工具、量具	套	1	—
3	秒表	块	1	用于计时

四、配分与评分标准

同试题1。

五、故障现象

在打开空调后，空调不供暖或供应的暖气不足。

六、故障原因

1）空调器风机损坏。

2）风机继电器、调温电阻器损坏。

3）温度真空驱动器损坏。

4）热风管道堵塞或漏风。

5）冷却水管堵塞。

6）加热器因积垢而堵塞。

7）热水开关或真空驱动器失效。

七、故障诊断与排除

1）用万用表检查风机，查看风机线圈是否断路或短路。若风机线圈断路或短路，则应予以修理。

2）用万用表检查风机继电器、调温电阻器是否断路或短路，若是，则予以排除。

3）检查温度真空驱动器，若已损坏，则应予以更换。

4）查看热风管道是否堵塞或破裂漏风，若是，则予以修理。

5）查看冷却水管是否堵塞，若是，则予以排除。

6）检查加热器内是否积垢太多，若是，则进行清理。

7）检查热水开关或真空驱动器是否失效，若已失效，则予以修理或更换。

考 核 试 卷

高级汽车修理工操作技能考核准备通知单

一、考场准备
1. 操作场地应光线充足，整洁无干扰，具有安全防火措施。
2. 操作场地应具有地沟和车辆举升机。
3. 考评员与考生比例为1:5。

二、车辆、设备、工具、量具、辅助设施准备
（一）修理
1. 东风EQ1092型载货汽车主减速器1个。
2. 带座百分表1块，弹簧秤1只，常用拆装工具1套。
3. 红丹油、润滑脂若干。

（二）故障诊断排除
1. 完好的解放CA1091型载货汽车1辆，并按故障设置要求设置故障。
2. 带座百分表1块。
3. 常用工具、量具1套。
4. 红丹粉少许。
5. 故障设置及选取原则

序号	故 障 设 置	选 取 原 则
1	齿轮、齿圈或齿套牙齿啮合部分呈锥形	在所列故障中任意选取一项
2	齿轮啮合长度不够	
3	变速叉轴自锁球（或锁球）凹槽磨损或其位置失准	
4	变速叉磨损或向一侧弯曲变形	
5	轴向间隙过大	

高级汽车修理工操作技能考核试卷

考生姓名：_____ 准考证号：_____ 工作单位：_____

一、说明
1. 本试卷命题的编制从实际出发，以可行性、技术性和通用性为原则。
2. 本试卷依据《中华人民共和国职业技能鉴定规范》编制。
3. 本试卷适用于考核高级汽车修理工。
4. 本试卷无地域限制。
5. 本试卷含修理、故障诊断与排除、相关技能试题各一道。
6. 修理试题配分为 45 分，故障诊断与排除试题配分为 55 分，试卷满分为 100 分。

二、试题
（一）修理

东风 EQ1092 型载货汽车后桥减速器的检修

考核要求：
1. 正确地装配主减速器。
2. 装配和调整符合技术标准。

考核时间：60min。

（二）故障诊断与排除

变速器自动脱挡故障的诊断与排除

考核要求：
1. 根据变速器自动脱挡故障的现象，找出其原因。
2. 根据找出的故障原因排除故障。

考核时间：60min。

高级汽车修理工操作技能考核评分记录表

考生姓名：_____ 准考证号：_____ 工作单位：_____

（一）修理

序号	作业项目	考核内容及要求	配分	评分标准	考核记录	扣分	得分
1	装配主动锥齿轮	装配工艺、轴承预紧度的检查、调整方法及调整质量	8	装配工艺错误扣4分 检查、调整方法错误扣2分 调整不符合技术要求扣2分			
2	装配从动锥齿轮	装配工艺、预紧度的检查、调整方法和调整质量，从动锥齿轮轴向圆跳动的检查结果	8	装配工艺错误扣3分 预紧度检查、调整方法错误扣2分 预紧度调整不符合技术要求扣2分 轴向圆跳动检查、判断错误扣1分			
3	主、从动锥齿轮的装配和啮合调整	装配工艺、啮合印痕和啮合间隙的检查、调整方法以及调整质量	25	装配工艺错误扣6分 印痕检查、调整方法错误扣6分 印痕不符合技术要求扣5分 间隙检查、调整方法错误扣4分 间隙不符合技术要求扣4分			
4	安全文明生产	遵守安全操作规程，正确使用工具、量具，操作现场整洁	4	1项不符合要求扣1分，扣完为止			
		安全用电、防火，无人身、设备事故		因违规操作而发生重大人身或设备事故，此题按0分计			
5	分数总计		45				

技术标准：

1. 主动锥齿轮凸缘螺母拧紧力矩为 392~490N·m。
2. 主动锥齿轮轴承预紧度为 16.7~33.3N。
3. 从动锥齿轮轴承预紧度为 16.7~33.3N。
4. 啮合印痕符合标准。
5. 啮合间隙为 0.15~0.40mm。
6. 从动锥齿轮轴向圆跳动公差为 0.15mm。

评分人：　　　　　　年　月　日　　核分人：　　　　　　年　月　日

（二）故障诊断与排除

序号	考核内容及要求	配分	评分标准	考核记录	扣分	得分
1	正确使用工具、仪表	4	使用工具、仪表不当酌情减分			
2	根据故障现象,分析故障原因	20	检查方法错误扣10分 检查程序错误扣5分 检查结果错误扣5分			
3	明确故障位置(口述)	7	不能明确扣7分			
4	排除变速器自动脱挡故障	20	故障排除方法错误扣10分 自制一处故障扣5分 故障排除不彻底酌情扣分			
5	遵守安全操作规程,操作现场整洁 安全用电、防火、无人身、设备事故	4	1项不符合要求扣1分,扣完为止 因违规操作而发生重大人身或设备事故,此题按0分计			
6	分数总计	55				

技术标准：

1. 换挡叉端面磨损量不得大于 0.40mm。

2. 定位锁球槽的磨损量不得大于 0.70mm。

3. 齿轮表面不允许有明显的阶梯形磨损，运转齿轮的啮合侧隙为 0.15~0.50mm，接合齿轮的啮合侧隙为 0.10~0.40mm，接合齿轮或相配合的滑动齿轮的端部磨损量不得超过齿宽的 15%。

评分人：　　　年　月　日　　核分人：　　　　　　年　月　日

参 考 文 献

[1] 高宏伟，祖国海. 汽车修理工（高级）国家职业资格证书取证问答 [M]. 2版. 北京：机械工业出版社，2010.
[2] 中国就业培训技术指导中心. 汽车修理工（高级） [M]. 2版. 北京：中国劳动社会保障出版社，2007.

国家职业资格培训教材——鉴定培训教材系列

- 车工（中级）鉴定培训教材
- 铣工（中级）鉴定培训教材
- 磨工（中级）鉴定培训教材
- 数控车工（中级）鉴定培训教材
- 数控铣工/加工中心操作工（中级）鉴定培训教材
- 模具工（中级）鉴定培训教材
- 钳工（中级）鉴定培训教材
- 机修钳工（中级）鉴定培训教材
- 汽车修理工（中级）鉴定培训教材
- 制冷设备维修工（中级）鉴定培训教材
- 维修电工（中级）鉴定培训教材
- 铸造工（中级）鉴定培训教材
- 焊工（中级）鉴定培训教材
- 冷作钣金工（中级）鉴定培训教材
- 热处理工（中级）鉴定培训教材
- 涂装工（中级）鉴定培训教材
- 车工（高级）鉴定培训教材
- 铣工（高级）鉴定培训教材
- 磨工（高级）鉴定培训教材
- 数控车工（高级）鉴定培训教材
- 数控铣工/加工中心操作工（高级）鉴定培训教材
- 模具工（高级）鉴定培训教材
- 钳工（高级）鉴定培训教材
- 机修钳工（高级）鉴定培训教材
- 汽车修理工（高级）鉴定培训教材
- 制冷设备维修工（高级）鉴定培训教材
- 维修电工（高级）鉴定培训教材
- 铸造工（高级）鉴定培训教材
- 焊工（高级）鉴定培训教材
- 冷作钣金工（高级）鉴定培训教材
- 热处理工（高级）鉴定培训教材
- 涂装工（高级）鉴定培训教材

国家职业资格培训教材——操作技能鉴定实战详解系列

- 车工（中级）操作技能鉴定实战详解
- 铣工（中级）操作技能鉴定实战详解
- 数控车工（中级）操作技能鉴定实战详解
- 数控铣工/加工中心操作工（中级）操作技能鉴定实战详解
- 模具工（中级）操作技能鉴定实战详解
- 钳工（中级）操作技能鉴定实战详解
- 机修钳工（中级）操作技能鉴定实战详解
- 汽车修理工（中级）操作技能鉴定实战详解
- 制冷设备维修工（中级）操作技能鉴定实战详解
- 维修电工（中级）操作技能鉴定实战详解
- 铸造工（中级）操作技能鉴定实战详解
- 焊工（中级）操作技能鉴定实战详解
- 冷作钣金工（中级）操作技能鉴定实战详解
- 热处理工（中级）操作技能鉴定实战详解
- 涂装工（中级）操作技能鉴定实战详解
- 车工（高级）操作技能鉴定实战详解
- 铣工（高级）操作技能鉴定实战详解
- 数控车工（高级）操作技能鉴定实战详解
- 数控铣工/加工中心操作工（高级）操作技能鉴定实战详解

模具工（高级）操作技能鉴定实战详解
钳工（高级）操作技能鉴定实战详解
机修钳工（高级）操作技能鉴定实战详解
汽车修理工（高级）操作技能鉴定实战详解
制冷设备维修工（高级）操作技能鉴定实战详解
维修电工（高级）操作技能鉴定实战详解
铸造工（高级）操作技能鉴定实战详解
焊工（高级）操作技能鉴定实战详解
冷作钣金工（高级）操作技能鉴定实战详解

热处理工（高级）操作技能鉴定实战详解
涂装工（高级）操作技能鉴定实战详解
车工（技师、高级技师）操作技能鉴定实战详解
数控车工（技师、高级技师）操作技能鉴定实战详解
数控铣工（技师、高级技师）操作技能鉴定实战详解
钳工（技师、高级技师）操作技能鉴定实战详解
维修电工（技师、高级技师）操作技能鉴定实战详解
焊工（技师、高级技师）操作技能鉴定实战详解

国家职业资格培训教材——职业技能鉴定考核试题库系列

机械识图与制图鉴定考核试题库
机械基础鉴定考核试题库
电工基础鉴定考核试题库
车工职业技能鉴定考核试题库
铣工职业技能鉴定考核试题库
磨工职业技能鉴定考核试题库
数控车工职业技能鉴定考核试题库
数控铣工/加工中心操作工职业技能鉴定考核试题库
模具工职业技能鉴定考核试题库
钳工职业技能鉴定考核试题库

机修钳工职业技能鉴定考核试题库
汽车修理工职业技能鉴定考核试题库
制冷设备维修工职业技能鉴定考核试题库
维修电工职业技能鉴定考核试题库
铸造工职业技能鉴定考核试题库
焊工职业技能鉴定考核试题库
冷作钣金工职业技能鉴定考核试题库
热处理工职业技能鉴定考核试题库
涂装工职业技能鉴定考核试题库

读者信息反馈表

亲爱的读者：

　　您好！感谢您购买《汽车修理工（高级）操作技能鉴定实战详解》（海洋　祖国海　编）一书。为了更好地为您服务，我们希望了解您的需求以及对我社教材的意见和建议，愿这小小的表格在我们之间架起一座沟通的桥梁。另外，如果您在培训中选用了本教材，我们将免费为您提供与本教材配套的电子课件。

姓名		所在单位名称	
性别		所从事工作(或专业)	
通信地址		邮编	
办公电话		移动电话	
E-mail		QQ	
1. 您选择图书时主要考虑的因素(在相应项后面画√) 　　出版社(　)　内容(　)　价格(　)　其他：＿＿＿＿＿＿＿			
2. 您选择我们图书的途径(在相应项后面画√) 　　书目(　)　书店(　)　网站(　)　朋友推介(　)　其他：＿＿＿＿＿			
希望我们与您经常保持联系的方式： 　　□ 电子邮件信息　　□ 定期邮寄书目　　□ 通过编辑联络　　□ 定期电话咨询			
您关注(或需要)哪些类图书和教材：			
您对本书的意见和建议(欢迎您指出本书的疏漏之处)：			
您近期的著书计划：			

请联系我们——

　　地　　址　　北京市西城区百万庄大街22号　机械工业出版社技能教育分社
　　邮　　编　　100037
　　社长电话　（010）88379083　88379080
　　传　　真　（010）68329397
　　营销编辑　（010）88379534　88379535

免费电子课件索取方式：

　　网上下载　　www.cmpedu.com
　　邮箱索取　　jnfs@cmpbook.com